AMRA

TANJA MATTHÖFER

Maria Magdalena

Herzensweg und Leben im aufgestiegenen Sein

AMRA

Besuchen Sie uns im Internet:
www.AmraVerlag.de

Ihre 80-Minuten-Gratis-CD erwartet Sie.
Unser Geschenk an Sie … einfach anfordern!

Eine Originalausgabe im AMRA Verlag
Auf der Reitbahn 8, D-63452 Hanau
Hotline: + 49 (0) 61 81 – 18 93 92
Service: Info@AmraVerlag.de

Herausgeber & Lektor	Michael Nagula
Einbandgestaltung	Guter Punkt
Layout & Satz	Birgit Letsch
Covermotiv	Josephine Wall
Druck	CPI books GmbH

ISBN Printversion 978-3-95447-414-1
ISBN eBook 978-3-95447-415-8

Ein weiteres Buch von Tanja Matthöfer mit Maria Magdalena liegt vor unter dem Titel »Erwachensweg und Leben mit Joshua«.

Die hier vorgestellten Informationen, Ratschläge und Übungen sind rein subjektiv. Sie wurden zwar nach bestem Wissen und Gewissen geprüft, dennoch übernehmen Verfasser und Verlag keinerlei Haftung für Schäden gleich welcher Art, die sich direkt oder indirekt aus dem Gebrauch der Informationen, Tipps, Ratschläge oder Übungen ergeben. Im Zweifelsfall holen Sie sich bitte ärztlichen Rat ein.

Für alle Menschen.

Mögen wir uns gemeinsam
in die Glückseligkeit erheben.

Inhalt

Vorwort

Die zauberhafte Inselgruppe, auf die mich mein Herzensgefühl getragen hat, ist ideal geeignet, um weitere Channelings von Maria Magdalena zu empfangen. Sie übermittelt mir das Erleben ihres Aufstiegs- und Erleuchtungsweges auf Erden. Die Ausstrahlung ihres Seins ist zutiefst liebevoll und führt mich während des Schreibens in berauschend schöne Bewusstseinszustände, damit ich ihren Erwachensweg in die passenden Worte übersetzen kann. Die paradiesische Umgebung der Inseln macht es mir angenehm leicht, mich für ihre Durchgaben zu öffnen.

Während du nun ein neues Buch aufgeschlagen hast, ist für mich inzwischen mehr als ein Jahr vergangen, seit ich den ersten Band ihrer Erzählung empfing. Ein Jahr, in dem sie mich durch weitere Schritte meines eigenen Aufstiegsprozesses geführt hat.

Die positive Kraft ihrer Erzählung lädt dich ein mitzuschwingen und auf spielerische Weise erhöhte Bewusstseinszustände zu erkunden. Sie möchte Inspiration sein, um die tiefgreifenden Wandlungen in dem lebendigen Prozess, den man Erwachen nennt, besser verstehen und leichter damit umgehen zu können.

Maria Magdalena reicht uns voller Freude die Hand und inspiriert uns mit verschiedensten Einblicken in ihre Erfahrungen. Du bist eingeladen auf eine spannende und inspirierende Reise bis in die erleuchtende Verbindung ihres göttlichen Seins mit ihrem menschlichen Selbst.

Mögen dich die Worte auf deinem Weg unterstützen und inspirieren.

Von Herzen

Tanja

1

Die göttliche Vision

»Das Licht der Bewusstheit findet seinen Platz in allen empfangsbereiten Herzen und Zeiten auf der Erde.«

Die göttliche Vision für die Erde

Neue Visionen erreichten mich, mein Erwachensweg war bereits fortgeschritten und ich genoss mein Leben mit Jeshua und unseren Kindern. Eines Abends sah ich in den tiefblauen Nachthimmel und erblickte die vollkommene Schönheit der Sterne. Ich spürte ihren funkelnden Glanz, der sich in mir wiederspiegelte. Über mein weites Bewusstsein war ich innigst mit ihnen verbunden und fühlte die Lebendigkeit der Schöpfung in mir. Wie wundervoll und vielfältig sie doch war! Wie nah alles beisammen war, nur für unser Denken schien räumlich alles weit voneinander getrennt. Diese Grenzen hatten sich in mir bereits geöffnet. Ich erfasste mein Umfeld über meine Gefühle und erweiterten Sinne.

Als ich in die Sterne blickte, öffnete sich mein Geist noch weiter. Ein helles Licht erreichte mein Herz. Es war eine Vision aus einer Zeit, die von mir aus betrachtet die Zukunft war. Das Licht beinhaltete das zukünftige Potenzial der Erde, so wie es gelebt werden könnte.

Zu dem Zeitpunkt meiner Vision befanden sich sehr viele Menschen auf der Erde, eine Bevölkerungsgröße, wie ich sie als Maria Magdalena nie kennengelernt hatte. Ich spürte unruhige, schwierige Zeiten und mein Bewusstsein glitt einfach durch sie hindurch. Und dann, weiter in der Zukunft, lichteten sich die Schleier wieder und gaben den Blick auf ein reines Land frei.

Ich spürte eine facettenreich strahlende Liebe, die inzwischen in den Herzen der Menschen gereift war. Zunächst erwuchs sie nur in wenigen Herzen, doch dann begann sie sich wie eine große Welle zu verbreiten. Ein Herz berührte ein anderes und die Welle der Herzensliebe breitete sich immer mehr aus. Die Luft war von ihrer einzigartigen Melodie erfüllt. Dieser besondere Klang entstand, wenn das Herz eines Menschen bereit war, seine Göttlichkeit wieder ganz zu empfangen. Mein Herz begann darin zu schwingen und ich verschmolz mit diesen wunderschönen Herzensklängen.

Die ewige Melodie der reinen Göttlichkeit erklang in einzelnen Herzen, wurde verstärkt und schwang durch den Raum, um auch andere zu berühren. Die noch verschlossenen

Herzen wurden eingeladen, sich dieser Melodie hinzugeben und göttliches Bewusstsein zu empfangen. Ich badete in einem Meer der Herzensklänge und ließ mich in ihnen tragen – was für eine wundervolle Zukunft!

Ich sog die einzigartige Verbundenheit und Liebe tief in mich ein. Die ganze Atmosphäre war davon erfüllt. Ich war unter dem Sternenhimmel und gleichzeitig dort. Zeit und Raum waren weit geöffnet, mein Bewusstsein existierte in einem ewigen Jetzt-Moment. Ich spürte die um viele Erfahrungen der Menschheit erweiterte Liebe in der Zukunft. Sie war genau hier und jetzt bei mir. Mein Herz wurde so weit. Die Potenziale verschmolzen mit mir.

Die Menschen hatten es unter schwierigsten Bedingungen erreicht, dieses wunderschöne Geschenk hervorzubringen. Ich wusste, dass ich deswegen hier war. Mein Herz war mit der Zukunft verbunden. Gemeinsam mit vielen anderen inkarnierten Seelen betteten wir Grundimpulse für ein Erwachen in die verschiedensten Zeitepochen ein, um das Licht dieses Potenzials weiter zu verankern.

Dies war die Wirkweise des göttlichen Urversprechens, das einem jeden Wesen ein Erwachen aus der Identifikation mit seinen Verkörperungen zurück in die göttliche Wirklichkeit schenkt. Diese Hilfe durchdringt alle Zeiten und sie wird immer geschehen. Sie sorgt dafür, dass niemand jemals in einer Illusion verloren geht. Sie leuchtet durch alle Dunkelheit hindurch und findet Wege, die Göttlichkeit, auch in den Zeiten größter Abtrennung und Unbewusstheit, zurückzubringen.

Viele erwachende und aufgestiegene Menschen wirkten aus dem Stillen heraus, an abgelegenen Orten oder auch unter Vielen, doch auch dort hielten sie sich zumeist unauffällig.

Sie führten ganz normal erscheinende Leben, nur wenige lehrten und vollbrachten dennoch Großartiges. Sie nährten die göttliche Vision der Heimkehr mit ihrer Weisheit, und es geschieht immer noch, denn in einem geöffneten Bewusstsein fließen alle Zeitlinien in einem Hier und Jetzt zusammen. Ich spürte auch ihre Herzen gemeinsam in dieser Lichtvision schwingen. Sie berührten mich und übertrugen ihr Wissen an mich, denn über die Ebene der Einheit waren wir alle miteinander verbunden.

Alle Herzen schlugen gemeinsam. Wir hatten uns durch verschiedene Zeiten hindurch auf dieser Ebene verbunden. Wir tauschten unsere gelebte Weisheit und unser Wissen miteinander, in diesem vereinten Bewusstseinsraum, aus. Auch in der Zukunft waren so viele wundervolle Seelenlichter inkarniert, die ihren Teil beitrugen und immer mehr erwachende Menschen würden sich ihnen anschließen. Die Vision der Liebe und des Erwachens auf Erden wurde von jedem Einzelnen genährt und wir verankerten sie aus unseren jeweiligen Zeitepochen heraus in den irdischen Dimensionen. Sie wurde in die Realität der Menschen eingebettet, in die Reiche der Natur, in alle Schichten der Erde, in die Luft, die wir atmeten, bis in den strahlend blauen Himmel hinein. Sie durchlichtete Verwirrung und Nebel in den Gefühlen und Gedanken der Menschen.

Die Vision der Heimkehr nahm an Kraft zu und ich konnte den Lauf der Zeiten beobachten. Sie schwang zunächst nur schwach, doch mit der Zeit waren immer Menschen in der Lage, sie über ihre Gefühle und Gedanken anzunehmen. Sie spürten dieses Licht an verschiedenen Orten oder in der Ausstrahlung anderer Menschen. Sie verbreitete sich und begann auf allen

Dimensionsebenen immer intensiver zu leuchten, bis an einem Punkt in der Zukunft alle Herzen wieder geöffnet und bereit waren, das göttliche Bewusstsein in sich aufzunehmen.

Alle Herzen schwangen gemeinsam, in gegenseitiger Achtung, Anerkennung und Dankbarkeit. Die Menschen konnten die Göttlichkeit in sich selbst und anderen erkennen. Herz, Gedanken und Gefühle befanden sich in einem harmonischen Einklang, jenseits von jeglichem Leid. Die Lebensmöglichkeiten auf der Erde konnten nun in einem ganz neuen Bewusstsein entfaltet werden.

Empfange auch du das Gefühl dieser lichtvollen Rückverbindung, die in diesen Zeilen schwingt. Empfange das Licht des vervollständigten Herzens und der Rückverbindung zum göttlichen Selbst. Fühle diese wundervolle Schwingung auch in dir und lasse sie in dein Leben und in deine Zeit hinein erstrahlen. Auch du bist ein lebendiger Teil dieser göttlichen Vision!

Ich schwebte in dieser Vision jenseits der Worte und konnte alle Wesen auf Erden wahrnehmen, die sie erfüllten. Es wurden immer mehr. Jeder strahlte das Licht des Bewusstseins in seine Zeitepoche und fügte die Essenz seiner eigenen Lebenserfahrung hinzu. Dadurch wurde es passend für Menschen mit ähnlichen Erfahrungen und auf diese Weise konnte es alle erreichen. Das hinzugefügte Licht eines jeden Einzelnen war wichtig! Immer mehr Menschen begannen zu erwachen, um die lichte Vision zu unterstützen. Und so würde auch mein Licht ganz bestimmten Menschen den Weg in die Zukunft weisen und ihre Herzen berühren. Die Heiligkeit dieses Ereignisses ergriff mich. Tränen tiefster Berührung und Glückseligkeit liefen über mein Gesicht. Was für ein unglaubliches Geschehen!

Ich schwebte zeitlos in der Vision und wusste, sie IST und WIRD gelebt. Wir waren und sind alle Teile von ihr. Alle gemeinsam. Auch du. Zeit und Raum spielen keine Rolle. Das Licht der Bewusstheit findet seinen Platz in allen empfangsbereiten Herzen und Zeiten auf der Erde.

Auch dein Herz wird von diesem besonderen Licht berührt. Auch dein Herz erwacht und ist bereit, den Klang deiner unsterblichen Göttlichkeit zu empfangen. Dein Herz und deine Weisheit berühren so viele andere. Raum und Zeit sind weit geöffnet. Alle Identifikationen mit deinen verschiedenen Leben treten beiseite, du spürst dein reines Sein und bist ein Teil dieser lichten, göttlichen Vision. Aus ihr wird eine neue Erdenrealität geboren. Es ist das Leben auf der Erde in einem neuen Bewusstsein, jenseits von Trennung. Aus ihr werden ganz neue Schöpfungsebenen geboren. Neue Erden, neue Planeten, höhere Realitäten und Welten in einem erweiterten Ausdruck des Seins.

Das Licht ist bereits hier, genau jetzt. Genau in deinem Leben. Meine Stimme spricht zu dir durch Raum und Zeit und erreicht dein Herz.

Dieser besondere Bewusstseinsraum wird dich durch die weitere Reise in diesem Buch tragen. Fühle den vereinten Klang der Herzen und tauche in ihn ein, so oft du nur magst. Du bist eingeladen, dieses wunderbare Gefühl zu einem Teil deines Alltags werden zu lassen, denn deine Göttlichkeit leitet dich weiter durch dein Erwachen hindurch. Du bist eingeladen, Teil der nächsten großen Welle auf Erden zu sein, welche die Dunkelheit des Unbewussten verlässt und sich wieder ganz mit der göttlichen Schönheit des Seins verbindet.

Du bist unendlich geliebt, du bist willkommen!
Es ist deine Zeit!

2

Öffnung der Grenzen von Raum und Zeit

»Wir sind mit dem gesamten Potenzial der göttlichen Kräfte verbunden und sie werden ein lebendiger Teil unseres Seins, wenn wir sie in den Welten ausleben und erfahren.«

Die Kristalle Lemuriens – jenseits der Grenzen von Raum und Zeit

Wir zogen gemeinsam mit unseren fünf Kindern durch unser Heimatland und lebten ein glückliches Familienleben. Für mich gab es weitere intensive, innere Prozesse, um mein menschliches Selbst für die Integration meiner hohen göttlichen Bewusstseinsebenen vorzubereiten.

Ich ahnte bereits, dass mein Erwachensweg viele Jahre in Anspruch nehmen würde und ich konnte ihn sicher im Schoße meiner wunderbaren kleinen Familie erleben. Wir befanden uns auf unserer ganz persönlichen Wanderschaft mit unseren Kindern. Für Wochen oder Monate lebten wir an wechselnden Orten, die uns gefielen und überquerten auch mehrere Male verschiedene Landesgrenzen.

Ich fühlte mich frei und genoss das Leben in vollen Zügen. Wir spielten mit unseren Kindern, lehrten sie, kosteten unser Familienleben und unsere Partnerschaft aus. Nun waren wir ganz für uns. Die vielen Jahre zuvor hatten wir uns der Gemeinschaft gewidmet, die uns begleitete, hatten neue Lebensmöglichkeiten gelehrt und Herzenswege vorgelebt.

Nicht jeder Mensch, der Hilfe bei uns suchte, war in der Lage gewesen, die sofortigen Heilungen und Lebensveränderungen anzunehmen, die Jeshua durch die Verkörperung seines göttlichen Bewusstseins bei in ihnen auslöste. Viele benötigten Schritte und Wege, derart tief waren sie in dem ausschließlichen Fokus auf ihre Erdenleben verhaftet. Sie hatten bereits Hunderte von Inkarnationen gelebt und ihr göttliches Sein vergessen. Sämtliche Ängste und Nöte des Massenbewusstseins, ihrer Ahnen und auch Bezugspersonen hatten sie mitgeprägt. Ihnen war gar nicht bewusst, dass sie ihr Leid aus diesen negativen Gefühlen selbst erschufen, die größtenteils nicht einmal zu ihnen selbst gehörten. Viele Menschen dachten täglich fremde Gedanken und spürten fremde Gefühle, ohne es zu bemerken. Sie manifestierten diese Ängste und Begrenzungen, verfingen sich in Hass und Schuldzuweisungen und gestalteten dadurch fortlaufend eine Realität, die von Kampf, Gewalt, Existenzangst und Fremdherrschaft geprägt war. Zudem machte es ihre Körper anfällig für Krankheiten und ein frühes Sterben.

Ich spürte, dass es nun an der Zeit war, tiefer zu meinen Wurzeln zurückzugehen, um meine eigene Essenz noch besser spüren zu können. Zudem wollte ich mich auch von allem, was ich von anderen Menschen übernommen hatte, befreien, denn es würde meinem Erwachen im Wege stehen.

Jeshua zeigte mir an einem unserer wundervollen Familientage einen besonderen Zugang. Es war an der Zeit, mich an ein Leben zu erinnern, in dem ich bereits ein umfassenderes Bewusstsein auf der Erde verkörperte als jetzt. Ich hatte einst gemeinsam mit anderen Menschen ein Potenzial der Rückverbindung zum göttlichen Bewusstsein in den frühen Zeiten des Kontinents Lemuriens auf der Erde verankert, ohne zunächst in diesem Leben noch davon zu wissen.

Jeshua lächelte unsere Kinder an, die während unseres Ausfluges spielten, und sie wussten, dass wir nun eine kleine Weile nur zu zweit verbringen würden. Unsere Verbindung zu ihnen war tief und bedurfte nicht immer der Worte. Sie würden weiterhin spielen und aufeinander achten, sie waren sehr achtsam miteinander und liebten sich innig. Sie fühlten sich geliebt und konnten die Liebe untereinander weitergeben, recht selten hatte es kleine Rangeleien gegeben. Wir liebten unsere drei leiblichen wie auch unsere beiden aufgenommenen Kinder aus vollem Herzen.

Den ältesten Jungen hatten wir einst aus einer fernen Stadt zu uns genommen. Der Statthalter beschuldigte ihn damals des

Diebstahls, wobei offensichtlich war, dass er aus großer Not heraus Nahrung für sein Überleben entwendet hatte. Er wurde aus der Stadt verbannt und da seine Eltern verstorben waren, schloss er sich einer kleinen Gemeinschaft Verstoßener an, die in der Nähe lebten. Sie waren arm und krank und die Gesellschaft hatte sie schon vor langer Zeit ausgestoßen. Der Junge kam bei ihnen unter, auf der Suche nach Halt und Anschluss.

Als wir ihn trafen, war er gerade unerlaubt in die Stadt zurückgekehrt. Der Statthalter höchstpersönlich hielt ihn am Arm und zerrte ihn mit wütendem Geschrei hinter sich her, als Jeshua einschritt.

»Halt ein!«, rief Jeshua laut und blickte dem erstaunten Mann in die Augen. »Du kannst den Jungen nur mitnehmen, wenn du selbst frei von Verfehlungen bist.« Sein Blick durchdrang den Stadthalter und berührte alles, was er je verdrängt hatte.

»Wie?!«, fuhr er Jeshua barsch an. »Was unterstehst du dich solcher Worte?«

»Wenn du selbst frei von Missetaten bist, dann nimm den Jungen mit und verfahre mit ihm, wie du möchtest«, entgegnete Jeshua ruhig.

Der Statthalter sah ihn wütend an, konnte aber nichts mehr erwidern, denn Erinnerungen an Taten aus niederer Gesinnung, durch die er andere Menschen ihrer Güter und ihres Ansehens beraubt hatte, um sich selbst zu einem angesehenen Mann zu machen, begannen in ihm aufzusteigen.

»Dein Reichtum und dein hoher Rang sind auf dem Leid anderer erbaut«, sprach Jeshua ganz ruhig weiter. Der Statthalter hatte den Jungen bereits losgelassen. »Nur du selbst kannst deine Taten und Absichten verändern.«

Mit diesen Worten wandte Jeshua sich von ihm ab und brachte den Jungen zu uns.

Er war zu diesem Zeitpunkt acht Jahre alt, doch er wirkte bereits sehr viel reifer. Wir wussten sofort, dass er zu uns gehörte und dass sich sein Potenzial in unserer Familie gut würde entfalten können. Wären seine Gaben durch Einflüsse von Menschen, die ihn nur benutzen wollten, manipuliert worden, so hätten sie sich auch in eine lebensverneinende Richtung entwickeln können. Das Potenzial für beides war stets vorhanden. Doch seine Seele hatte nicht in eine solche Erfahrung eingewilligt und so ging er mit uns. Seine schöpferische Kraft konnte er intuitiv bereits gut lenken, er war ein Visionär und gab den Menschen später viele kreative Ideen für den Bau und die Versorgung von Dörfern. Seine Einfühlsamkeit schuf sofort Vertrauen und er war bei den Menschen, mit denen er später als Erwachsener lebte, sehr beliebt.

Wir liebten alle unsere Kinder gleichermaßen und machten keinen Unterschied, ob wir sie aufgenommen hatten oder ob sie unsere leiblichen waren. Für uns war jedes Kind ganz besonders und wir fühlten uns allen in der Seele nahe. Die Kinder spürten unsere Liebe und gaben sie untereinander weiter. Sie achteten sich gegenseitig und teilten alles. Ich hatte Menschen viele Jahre gelehrt und begleitet und nun war eine Zeit angebrochen, in der sich meine eigenen Mysterien weiter enthüllen sollten. Sarah, unsere Tochter und auch unser leiblicher Sohn Samuel würden später selbst lehren. Ihre Namen hatten so viele wundervolle Klänge, die ihre Weisheit weit in die Zukunft der Menschheit tragen sollten.

Der Junge, den wir vor dem Statthalter bewahrt hatten, achtete nun auf seine jüngeren Geschwister und Jeshua nahm mich an die Hand, um mich in eine kleine, von Bäumen umsäumte Höhle hineinzuführen, die am Wegesrand lag. Es war ein sonniger, heißer Tag und wir nahmen die angenehme Kühle in ihr dankbar auf. Der schmale Gang wurde nach einigen Metern breiter und mündete in ein kleines Höhlenrund. Dort ließen wir uns nieder. »Schließe deine Augen, meine Liebste«, sagte Jeshua zu mir. »Es ist an der Zeit, deinen Ursprung auf der Erde kennenzulernen. Die Zeit, die du für deine erste Verkörperung ausgewählt hattest. Dies ist ein ganz besonders prägendes Erlebnis und die damit verbundenen Gefühle und Eindrücke sind ein wichtiger Teil deines Seins.«

Wir gingen gemeinsam in die innere Stille und ich ließ mich auf meine Wahrnehmungen ein. Jeshua hob die Energien an und in meinem meditativen Erleben konnte ich plötzlich lichte Verbindungkanäle, die meinem Herzchakra entsprangen, sehen und fühlen. Jeder dieser feinen Lichtstrahlen mündete in einem anderen meiner Leben auf der Erde und ich blickte auf eine stattliche Anzahl, die um mich herum schwebte.

Ich hatte diesen Zugang zu meiner Multidimensionalität mit Jeshuas Hilfe schon vor Jahren entdeckt und nutzte ihn immer wieder gerne, um die Weisheit meiner anderen Leben zu nutzen. Manche schwebten ganz nahe bei mir, denn durch meine Lebenserfahrungen hatten sich Verbindungen zu ihnen geöffnet und ich wusste, dass ich ihre Qualitäten bereits nutzte. Alle meine Leben trugen ihre Weisheit zusammen und teilten sie miteinander.

Mir zeigte sich ein Abschnitt, in dem fünf meiner Erdenleben gemeinsam ein Sammelbecken von Weisheit erschufen und jedes einzelne trug seinen ganz besonderen Teil dazu bei. Die gewonnene Lebensweisheit aus jedem dieser fünf Leben stand mir nun als Maria Magdalena, und auch meinen anderen Inkarnationen, zur Verfügung. Sie war eine Bereicherung für mein gesamtes multidimensionales Sein.

Manche meiner Leben waren noch von diesem Zusammenwirken abgetrennt, sie wussten nichts mehr von den anderen. Manche waren sich der anderen nicht gewahr oder noch so sehr von Einsamkeit, Angst oder anderen Ausrichtungen vereinnahmt, dass sie sich ablehnend verhielten. Wenn sich nur ein paar von ihnen wieder in den gemeinsamen Austausch einreihten, so würde daraus irgendwann eine Welle der Wiedervereinigung entstehen, die sämtliche Lebensanteile wieder in mein gesamtes Sein integrieren würde. Keiner sollte durch Verletzungen abgespalten bleiben, denn alle meine Aspekte gehörten zu meinem vollständigen Sein. Diese Integration würde später Erleuchtung ermöglichen, erklärte mir Jeshua.

Ich bat nun um einen Einblick in meine erste Inkarnation auf der Erde und es zog meine Aufmerksamkeit zu einem der feinen Lichtkanäle. Er streckte sich durch Raum und Zeit und mündete in die Realitätsebene meines ersten, gewählten Erdenlebens. Ich richtete meine Aufmerksamkeit dorthin aus und empfing erste flüchtige Eindrücke jenes Lebens. Ein Musikinstrument, ähnlich einer Leier, blitzte vor meinem inneren Auge auf und seine sanften Klänge zogen mich tiefer in die Wahrnehmung hinein. Ich tauchte in die üppige tropische Natur des frühen Lemurien ein, die mich mit einer wunderbar weichen Ausstrahlung empfing. Ich sah einen klaren Sternenhimmel, vor dem sich Palmensilhouetten wie Scherenschnitte abzeichneten. Weicher Sand umschmeichelte meine Füße und ich fand mich in einer kleinen, malerischen Bucht wieder. Alles hier fühlte sich so lieblich an, ganz anders als die viel härtere Energie unseres Landes, die durch Ängste und Überlebenskämpfe der Menschen geprägt war.

Unter den Palmen gediehen prächtige Grünpflanzen, mit weißen und roten Blüten übersät, und eine sanfte Brandung rollte an den Strand. Ich spürte sofort eine tiefe Verbundenheit. Der paradiesische Zauber umgab mich in einer einladend warmen Nacht und ließ mich spüren, wie erfüllt sich das Leben anfühlen konnte. Die reiche Natur beschenkte mich mit Liebe und Glückseligkeit. Es fühlte sich so inniglich vertraut an, dass mir Tränen der Rührung in die Augen stiegen. Es war ein Gefühl von Zuhause und ich spürte die ganz besondere Faszination meiner ersten Inkarnation auf der Erde.

Dann fiel meine Aufmerksamkeit auf ein paar große bunte Kristalle, die unter dem Palmensaum aus dem Sand leuchteten und um die vierzehn Menschen kreisförmig versammelt saßen. Sie hatten sich kunstvoll in farbige Tücher gewickelt und ihre dunklen Haare waren geflochten oder hochgebunden. Neben kraftvoller Vitalität strahlten sie Erhabenheit aus. Manche trugen einzelne gelbe, rote, blaue oder grüne Edelsteine, in zarte Bänder eingeflochten, als Schmuck um den Hals oder auf der Stirn.

Sie wirkten vollkommen zentriert und ich wusste, dass sie telepathisch Informationen in die hellblauen, grünen und gelben Kristalle im Sand einspeisten. Waren es überhaupt herkömmliche Kristalle? Ich konnte es nicht genau erkennen, denn die materiellen Formen waren hier von ihren feinstofflichen Vorlagen kaum zu unterscheiden. Hier waren die physischen wie auch die metaphysischen Ebenen sichtbar und die Menschen konnten sie gleichzeitig wahrnehmen. In den Pflanzenkörpern der Palmen und Büsche leuchteten feine, bunte Energiekanäle, die sie mit Energien aus der Erde in ihre Stämme, Blätter und Blüten versorgten. Ihre Farben leuchteten von innen heraus in der mondhellen Nacht.

Selbst der Sand war nicht einfach nur eine materielle Form. Er war der Ausdruck eines ganz bestimmten Energiefeldes, durch das Liebe und Fürsorge der Erde zu den Lebewesen an der Erdoberfläche floss. Sie versorgte die Bewohner mit ihrer Liebe und allem, was ihre Körper benötigten. Das Sein der Lemurier war mit ekstatischen Gefühlen sowie der gleichzeitigen Wahrnehmung von Energie und Materie glückselig erfüllt.

Von den Kristallen im Sand reichten Verbindungen in verschiedenste Dimensionen und Erdepochen hinein. Die Zeit diente den Menschen dazu, Ereignisse auf der Erde in ganz bestimmten Abläufen und Reihenfolgen erleben zu können, während das zeitlose göttliche Bewusstsein auch alles gleichzeitig wahrnehmen konnte. Die Menschen, die ich beobachtete, waren sich dessen bewusst und speisten Wissen und Rückerinnerung an den göttlichen Ursprung in die Kristalle.

Sie wussten, dass die Menschen der Zukunft in dem Inkarnationsspiel auf der Erde versinken und sich selbst dabei vollkommen vergessen konnten, wie Schauspieler, die ihr unsterbliches Sein mit den vorübergehenden Gewändern der Erdenleben verwechselten und viele Hunderte Inkarnationen benötigen würden, um aus diesen Illusionen wieder zu erwachen. Am Ende wäre es eine großartige Erfahrung mit dem Geschenk umfassender Weisheit, doch konnten sich die Leben durch das Vergessen auch durchaus leidvoll gestalten. Die Kristalle würden sämtliche hinterlegten Wissensimpulse wie Sender durch alle Zeiten und Dimensionen hindurchtragen.

Dann entdeckte ich mich selbst. Ich hatte den Körper einer Frau, ohne mich wirklich vollständig mit ihm zu identifizieren. Meine Seele war mit einem weit geöffneten Bewusstsein ohne Begrenzungen oder Prägungen zur Erde gekommen und dadurch war ich, ebenso wie die anderen, in der Lage, reinste Informationen der Rückverbindung zum göttlichen Sein zu hinterlegen.

Wir konnten aus unserem hohen Bewusstseinszustand heraus überblicken, welche Richtung die möglichen Entwicklungspotenziale auf der Erde vielleicht nahmen, und speisten Werkzeuge, Kräfte und Fähigkeiten für die Menschheit und auch für uns selbst ein. Die Kristalle würden sie bis in eine Zeit tragen, in der das wiedererwachende Bewusstsein der Menschheit sie aktivieren und sie ihre Impulse in das Massenbewusstsein einfließen lassen würden. Die Kristalle existierten feinstofflich, nur waren manche von ihnen auch in materieller Form in die Erde eingebettet.

Ich erkannte die Zusammenhänge, sie stiegen innerhalb eines Augenblicks vollständig in mir auf. Es war wie ein jähes Erwachen aus dem tiefen Schlaf einer Illusion. In einem kurzen, erleuchteten Augenblick konnte ich plötzlich alles vollständig erschauen. Alles war von allumfassender Liebe durchströmt und auf dieser Ebene der Einheit waren alle Wesen und die gesamte Schöpfung innig miteinander verbunden. Zugleich stand es jedem einzelnen Wesen frei, alle Erfahrungen machen zu können, die es zu seiner Freude wählte. Die Liebe war der Grundbestandteil von allem und der Moment, in dem ich sie so klar fühlen konnte, überwältigte mich.

Hier befand ich mich jenseits allen Vergessens und aller Begrenzungen. Mein noch halb schlafendes Bewusstsein war auf einmal hellwach und blickte für einen Moment ganz selbstverständlich durch Zeit und Raum. In dieser zeitlosen Wahrnehmung schwangen meine vergangenen und zukünftigen Leben als lichte Bewusstseinsfelder um mich herum. Richtete ich meine Wahrnehmung auf eines von ihnen, so konnte ich meine dortige Lebensgeschichte wahrnehmen.

Ich entdeckte mich als jungen Bauern, der voller Eifer sein Feld bestellte, ich sah Leben in Lemurien, Atlantis, Südamerika und China. Mehrfach war ich als Kleinkind verstorben, weil ich mich einfach nur nach der Erfahrung einer liebevollen Geburt und der ungeteilten Fürsorge von Eltern sehnte. Ich wollte jene Leben gar nicht länger andauern lassen und nahm als Geschenk eine unbeschadete Essenz von Liebe in mir mit, wie sie Eltern vor allem ihren ganz kleinen Babys schenken konnten. In dem Moment, in dem ich sie betrachtete, nahm ich ihre Essenzen wieder in mir auf.

Ein Teil von mir sehnte sich nach der Liebe und Klarheit, die mit dem fortschreitenden Erwachen auf höheren Bewusstseinsebenen einhergingen. Doch war ich wirklich schon bereit dazu? Ich spürte auch einen Teil in mir, der an unserer Familie, der Partnerschaft, ja sogar an meinem Heimatland und den Menschen dort ängstlich festhielt. Ich liebte die gemeinsame Zeit mit Jeshua und begrüßte jeden Morgen mit freudigem Herzen. Mir fielen kleine Liebenswürdigkeiten ein, die wir miteinander teilten, und sie schienen fast nichtig angesichts dieses weit geöffneten Bewusstseins. Ich wollte die vielen kleinen Details des Lebens nicht verlieren.

»Die Liebe schließt alles mit ein und der Mensch, den du verkörperst, wird für immer ein Teil deiner Seele sein. Du kannst die besonderen, auf der Erde erlebten Gefühle genießen und neue menschliche Inkarnationen leben, wann immer du es begehrst«, beruhigte mich Jeshua. »Es ist in Ordnung, wenn du noch Angst vor dem nächsten Bewusstseinssprung auf eine höhere Ebene hast«, erklärte er mir behutsam. »Sie stammt aus Teilen von dir, die sich vor Neuem fürchten, weil sie sich bisher nur als Mensch kennengelernt haben. Nichts wird verloren gehen, denn in Wahrheit geschieht stets eine Erweiterung. Es gibt keine Nichtigkeiten, alle Erfahrungen und Begegnungen sind gleichermaßen wichtig. Momentan fühlt der begrenzte Mensch in dir noch Angst, sich deiner umfassenden göttlichen Größe zu öffnen, und das ist in Ordnung.

Nimm dich selbst in Lemurien wahr und zu welchen Dingen du dort fähig warst. Sehr viele Seelen haben Depots von Wissen und Kräften für sich und andere angelegt und tun es immer noch. An diesem Ort kannst du erleben, wie sich die Illusion der Zeit aufhebt. Wisse, weitere erleuchtete und erwachende Menschen speisen Lichtinformationen aus ihren jeweiligen Zeitepochen ein, die du von hier aus betrachtet als Vergangenheit und Zukunft bezeichnen würdest.«

Ich konnte deutlich fühlen, wie gut sich meine Wahrnehmung anfühlte, die einfach offen durch alle Zeiten blickte. Auf dieser Ebene meiner Wahrnehmung war ich mit allen meinen Inkarnationen in der »Vergangenheit« wie auch in der »Zukunft« verbunden. Jede einzelne diente meinem Ausdruck, meiner Erfahrung und meinem Wachstum. Die Zeit brauchte keine Barriere mehr zu bilden und doch wehrte sich mein Verstand noch dagegen.

»Lasse die Öffnung der Zeit auf dich wirken, sie ist wichtig für dein weiteres Erwachen. Dieser Einblick wird deine innere Bereitschaft ganz von selbst weiter öffnen. Berühre die Kristalle und nimm etwas von den dort eingespeisten Informationen auf. Du hast dort auch für dich hineingelegt.«

Ich richtete meine Wahrnehmung auf die Kristalle und berührte sie. Ein angenehmer Energiestrom erfüllte mich sofort. Ich nahm ihn tief in mich auf und wusste, dass er mir zur rechten Zeit Ideen und intuitives Wissen bringen würde.

Dann fuhr Jeshua fort: »Jeder Mensch erwirbt Wissen und Weisheit in jedem einzelnen seiner Leben. Ganz gleich, ob du eine Prinzessin, eine Bäuerin, ein König oder Bettler warst, ob du nur die ersten Lebenswochen oder ein langes Leben verkörpert hast.

Jedes Leben, jede Tat, jeder Gedanke und jedes Gefühl erzeugen eine ganz besondere Weisheit und sie steht der Seele selbst wie auch dem Kollektiv zur Verfügung. Jedes Fünkchen Weisheit bereichert das Bewusstsein der gesamten Menschheit und sorgt dafür, dass sie sich weiterentwickelt. Auch du profitierest von der Weisheit anderer. Wir alle sind Teile der göttlichen Quelle. Auf diese Weise erfährt sich die Quelle selbst, die Entwicklung potenziert sich und gebiert ständig Neues.« Ich hielt meine Augen geschlossen und ließ seine Worte in mir wirken.

»Jede Epoche ermöglicht den Menschen ganz bestimmte Erfahrungen, die jedoch in natürliche Begrenzungen, gemäß den Regeln der Erde und dem Bewusstseinsstand der Menschen, eingebettet sind. Doch selbst wenn Leid verursacht wird, so ereignet es sich innerhalb gewisser Grenzen, damit ein Fortbestehen des Planeten gesichert ist, wenn die Erfahrungen der Seelengemeinschaft dort noch nicht abgeschlossen sind. Jede verkörperte Art von Lebewesen, jeder Planet und jede Welt bleibt so lange erhalten, wie die Erfahrungen dort erlebt werden möchten. In Wahrheit bist du ein unsterbliches Wesen, das alle Formen und Körper annehmen kann. Kannst du das fühlen? Das ist Freiheit«, sprach Jeshua.

Mein wichtigster Eindruck dieser Reise war das Sein außerhalb der Zeit. Meine Leben waren von hier aus betrachtet einfach Geschichten, an denen ich nicht festzuhalten brauchte. Würde ich mich hier verbinden, so könnte ich stets jene Leben spüren, die mich jetzt am besten unterstützen könnten. Dieser Zugang würde nun stets Weisheit an mich übermitteln können und sich irgendwann vollständig integrieren.

Doch für den Augenblick war es noch etwas viel für mich. Ich schaute noch einmal in das strahlende Gesicht meines lemurischen Selbst, bevor ich kurz das Bewusstsein verlor und in der Kühle der Höhle wieder zu mir kam. Wir saßen aneinander angelehnt und hielten schweigend unsere Hände. Ich spürte allen Eindrücken nach. Welche Überraschungen und Wunder das Erwachen doch immer wieder beinhaltete.

Dieser Einblick warf weitere Fragen in mir auf: Woher genau kam die Angst, liebgewonnene Kleinigkeiten im Leben verlieren zu können, wenn das doch nicht die Wahrheit war? Jeshua lebte seine Göttlichkeit und er war nach seiner Erleuchtung und der Integration seines Körpers nicht auf die geistige Seite zurückgegangen, sondern immer noch bei mir. Er hatte nichts von seiner Menschlichkeit und seinen Vorlieben verloren. Er war sogar weit über das sterbliche Menschsein hinausgegangen und hatte sich von allen Grenzen befreit. Er lebte im glückseligen Seinszustand und nahm in jedem einzelnen Augenblick so viel mehr an Tiefe, Dimensionen und Schönheit des Lebens wahr, wie es sich ein noch nicht erwachter Mensch kaum vorstellen konnte.

Hier erhielt ich einen kleinen Einblick dessen, was möglich war. Eigentlich könnte ich mich darauf freuen, doch ich spürte, dass die Angst in mir blieb.

Vor der Höhle empfingen uns unsere spielenden Kinder fröhlich lachend. Sie spürten meine Bedrückung und in einer Mischung aus meiner Schweigsamkeit und unbeschwertem Kinderlachen gingen wir heim.

Die Erlösung meiner größten Angst

Die Angst, die in der Höhle ausgelöst worden war, sollte noch für einige Tage meine Begleiterin bleiben. Nichts konnte mich aufheitern. Ich wusste, dass ich sie mir ansehen sollte, doch ich versuchte mich auf sehr menschliche Weise davon abzulenken. Ich stellte die Belange unserer Kinder in den Vordergrund, bis es mir nicht mehr möglich war.

Dann nahm ich mir endlich Zeit für mich selbst. Ich hatte bereits tiefe Ängste verarbeitet und doch war diese Facette in mir noch sehr lebendig. Es war eine wichtige Zeit der Selbsterkenntnis, in der ich mich noch besser kennenlernen würde.

Ich erkannte meine Aufgabe, die Angst in Vertrauen zu wandeln, und wandte mich ihr zu. Auf den höheren Bewusstseinsebenen existierte keinerlei Angst, sie war lediglich durch schmerzhafte Erfahrungen innerhalb meiner Begrenzungen entstanden. Das menschliche Bewusstsein hielt sich nur allzu gerne für gefangen in einem Schicksal, dem es hilflos ausgeliefert zu sein schien. Wir projizierten unsere Hilflosigkeit auf andere Wesen, denen wir dann die Schuld an unserer Misere zuweisen konnten. Jedoch hatten wir unser Schicksal selbst durch unsere eigenen Entscheidungen, Taten und Gefühle geformt. Alle unerlösten Verletzungen und Missverständnisse nahmen wir Leben um Leben immer wieder mit uns, bis wir sie erkennen und verändern würden.

In Wahrheit hielten wir unser freies, schöpferisches Bewusstsein selbst gefangen.

Die Angst wollte mich zu der Erkenntnis führen, dass wir freie, schöpferische Wesen waren, die jederzeit etwas verändern konnten. In diesem Universum reiften wir, lernten Verantwortung für unsere Gefühle und Gedanken zu übernehmen, denn sie wirkten sich schöpferisch aus. Die Welt der festen Materie, in der wir die Auswirkungen unserer Entscheidungen in langsamen Abläufen beobachten konnten, bot einen hervorragenden Schulungsraum, um verantwortungsvoll mit unserer Schöpferkraft umzugehen.

Ich hatte bereits Verzweigungen meiner Urangst erlöst, doch immer noch waren Teile von ihr in mir präsent. Entschlossen, sie noch weiter zu erlösen, ging ich vor unser Haus und lehnte mich an einen Baum. Ich spürte in die Angst hinein. Zunächst erschien sie mir wie ein gewaltiges Gebirge, aber ich nahm auch das strahlende Leuchten meiner Göttlichkeit wahr. Und so entschied ich mich, dass ich diese leben wollte, nicht länger die Angst. Sie war mir schon in so vielen Gesichtern begegnet.

Bevor ich Jeshua kennenlernte, hatte ich Angst, auf der Straße zu verhungern oder kein Obdach mehr zu finden. Ich spürte einst unglaubliche Angst vor der Trennung von Jeshua durch seinen Tod am Kreuz ebenso wie Angst in den Weiten eines vermeintlichen Nichts zu versinken und mich in einer Art Bedeutungslosigkeit aufzulösen. Nun versuchte ich sie nicht länger zurückzudrängen. Ich gab ihr das Gefühl, einfach bei ihr zu sein und ihr zuzuhören.

Nun flossen sogar Worte der Angst, wie die einer sehr guten Freundin, in meine Gedanken: »Ich bin ein Teil von dir, seit du auf deine Erlebensreise in die Inkarnationen gegangen bist. Ich begleite dich gut und sorge für Veränderungen. Ich leite dich in die Entfaltung deiner Qualitäten und deine schöpferische Selbständigkeit.«

Jetzt erkannte ich es endlich: Unsere unangenehmen Gefühle, unsere Schattenanteile lehrten uns etwas über die Kräfte, die wir noch nicht angenommen hatten, die uns aber potenziell zur Verfügung standen. Wir waren mit dem gesamten Potenzial der göttlichen Kräfte verbunden und sie wurden erst ein lebendiger Teil unseres Seins, wenn wir sie in den Welten auslebten.

In allen unseren Schatten verbargen sich in Wahrheit Kräfte, die wir noch nicht angenommen hatten.

Angst, Wut und alle negativen Emotionen waren aus unverarbeiteten Verletzungen entstanden und wir konnten uns an ihnen weiterentwickeln. Sie waren Wegweiser, um weitere Qualitäten auszuleben. In ihrem erlösten Zustand wandelten sie sich in unsere wahren Gefühle von Glückseligkeit, Erfüllung, Liebe, Frieden und so vieles mehr.

Ich konnte meine Angst nun mit anderen Augen betrachten. Während sie mir vorher wie ein schrecklicher Schatten erschienen war, nahm ich sie nun erstmals als einen lehrreichen Teil meines Seins wahr. Sie war meine geduldige Freundin und bot mir die Möglichkeit, meine Qualitäten zu verwirklichen. Ich fühlte ihre freundschaftliche Wärme und sie war nicht länger meine Gegnerin. Sie hatte mich gelehrt mich anzunehmen, zu lieben und als vollständiges Wesen zu erkennen.

Meine Angst vor Bedeutungslosigkeit und Neuem war vielmehr die Angst, mich nicht entfalten und verwirklichen zu können.

Sie war die Angst vor meiner eigenen Größe und Stärke.

Nun konnte ich sie endlich freigeben und mein Bewusstsein dehnte sich aus. Die Dunkelheit wich und gab den Blick auf das strahlende Licht meiner Bewusstheit frei. Ich war nicht bedeutungslos, niemand war das. Niemand würde in der Schöpfung jemals verloren gehen. Das genaue Gegenteil war der Fall, wir brauchten es nur zu erkennen. Alles hatte seinen Platz. Meine Angst verwandelte sich in schöpferische Freude. Dies war ihr wahres Antlitz.

Heilmeditation: Verbindung mit einem Lichtkristall des Wissens

Wahrscheinlich hast auch du dir zu irgendeiner Zeit einen oder mehrere Lichtkristalle erschaffen, in denen du wichtige Impulse für dich hinterlegt hast.

Oftmals haben wir solche Wissensdepots aus anderen Leben in weiser Vorausschau angelegt, damit sie uns zur rechten Zeit kraftvoll unterstützen können. Heilwissen oder andere Fähigkeiten konnten in bestimmten Epochen durchaus gefährlich für uns sein, weil andere Menschen uns dafür aus Furcht oder Machtanspruch verfolgten oder töteten. Zudem hätten uns diese Dinge, wenn sie uns zu früh bewusst geworden wären, auch von den gewünschten Lebenserfahrungen ablenken können. Oft war auch einfach die globale Schwingung auf der Erde zu niedrig, um es in die Leben einbringen zu können. Möglicherweise hast du solche Impulse für dich selbst in Lichtkristallen ähnlich wie in einer »Cloud« hinterlegt.

Du kannst dich durch deine Absicht nun mit einem solchen Kristall verbinden. Vielleicht hast du ihn in der Zeit von Lemurien oder Atlantis erschaffen, vielleicht aber auch in einer ganz anderen Epoche oder aus einer anderen Dimension heraus. Es spielt keine Rolle, wahrscheinlich existieren mindestens einer oder auch mehrere für dich.

Begib dich dafür in deine innere Stille. Atme Liebe durch dein Herzchakra ein und erlaube, dass sie durch deinen Körper schwingt. Bitte nun, dass sich die wundervolle, lichte Ebene um dich herum öffnet, in der deine Kristalle schwingen.

Gib allen Wahrnehmungen Raum oder stelle dir vor, dass dort Lichtkristalle für dich existieren.

Pause

Bitte aus deinem Herzen darum, dass sich diejenigen Kristalle zeigen, die jetzt wichtig für dich sind. Fühle ihr Licht, ihre Farben und Ausstrahlung. Vielleicht hat dein Wissensdepot eine Kristall- oder auch Kugelform, möglicherweise nimmst du es aber auch anders wahr. Vertraue allen Wahrnehmungen und lasse sie fließen.

ᔓᔕ *Pause*

Bewege deine Aufmerksamkeit nun zu einem der Lichtkristalle und fasse mit deiner imaginären Hand hinein. Bitte, dass sein Inhalt durch deine innere Hand zu dir fließt und lasse dich von seiner Energie durchströmen. Gib allen aufkommenden Assoziationen und Bildern Raum.

Der Kristall ist ein Geschenk deiner Liebe und deiner Weisheit an dich.

Lasse einen Inhalt in dich hineinströmen.

Spüre und empfange.

ᔓᔕ *Pause*

Wenn du magst, kannst du dich fragen, was aus dem Kristall zu dir fließt.

Was hast du dort für dich hinterlegt?

Lasse die Antworten als einen sanften Gedankenfluss zu dir kommen oder auch als Bilder, Ahnungen und Assoziationen.

Wenn du keine Einzelheiten wahrnehmen kannst, spielt das keine Rolle. Der Informationsstrom fließt auf jeden Fall zu dir und wird sich zur richtigen Zeit in dir entfalten.

Spüre noch einen Moment nach.

ᔓᔕ *Pause*

Nimm die Inhalte aller Kristalle auf, die sich dir zeigen. Du kannst diese Meditation von Zeit zu Zeit wiederholen und nachfragen, ob sich dir weitere Kristalle offenbaren möchten. Sie können Erkenntnisse und Bewusstseinssprünge fördern.

3

Das Loslassen alter Rollen – Erkenntnis der Geschenke

»Wenn wir die Identifikation mit unseren Rollen beiseite legen, gibt es einen heiligen, stillen Moment, der unser wahres Sein enthüllt.«

Das Loslassen alter Rollen – Erkenntnis der Geschenke

Durch die Wandlung meiner Angst vermochte ich das Licht meiner Göttlichkeit nun wieder deutlicher zu erfassen. Die Intensität verblasste jedoch wieder, denn ich konnte sie nur teilweise integrieren. Jeshua kümmerte sich um unsere Kinder und empfahl mir weitere Tage des Rückzugs, um noch tiefer in die Weisheit aus meinen verschiedenen Lebensaspekten einzutauchen.

Und so begab ich mich auf einen kleinen Berg nahe unserem Hause und schaute in die Weite des Tals. Wie könnte ich mich noch mit dem Licht meiner Göttlichkeit verbinden?

Ich beobachtete mich selbst. Wer war ich eigentlich? Ich war Ehefrau und Mutter. Ich trug viel Wissen in mir und lehrte. Ich liebte den Umgang mit Menschen, wenngleich ich mir stets eine gewisse Scheu bewahrte. Nach dem Kontakt mit anderen Menschen benötigte ich immer wieder Stille und Rückzug.

Mir wurden die Rollen bewusster, die ich spielte, und ich liebte sie. Ich war gerne Mutter, Ehefrau, Begleiterin und auch Rebellin. In ihnen blühte ich auf. Sie dienten mir dazu, verschiedene Qualitäten meines Seins auszuprobieren und immer neue Fähigkeiten an mir zu entdecken.

Doch was wäre ich, wenn es die Erde und die anderen Menschen gar nicht gäbe? Eine Mutter ohne Kinder könnte ihre Rolle nicht mehr ausfüllen. Also musste ich noch etwas anderes jenseits dieser Rollen sein.

Wie fühlte sich mein Selbst an, wenn ich meine Augen schlösse und alles im Außen beiseite legte?

Wenn ich die Identifikation mit meinen Rollen beiseite legte, gab es einen heiligen und stillen Moment, der mein wahres Sein enthüllte.

Jenseits aller Rollen lächelte meine Göttlichkeit mich förmlich an. Sie fühlte sich kindlich, freudig und zugleich auch unglaublich weise an. Die Weisheit aus allen Erfahrungen floss hier zusammen und mein wahres ICH BIN strahlte glückselige Freude und Begeisterung aus. Ich berührte die göttliche Wirklichkeit.

ICH EXISTIERE – dieses Gefühl war mein wahres Sein, jenseits von allem, was ich auf der Erde oder in jeglicher Schöpfungswelt erlebt hatte. Jede Erfahrung besaß eine ganz eigene, warme und tiefe Schönheit, die meine Seele bereicherte. In meiner Rolle als Mutter konnte ich Liebe und Nähe in Facetten leben, wie sie nur einer Mutter möglich waren.

Das helle Licht meiner Göttlichkeit lächelte mich an und ließ mich seine ganze Liebe spüren. Hier war ich in Kontakt mit meiner wahren Selbstliebe. Ich hatte mir die Freiheit geschenkt, alle Erfahrungen in diesen Rollen machen zu können. Jede einzelne hatte ihre ganz eigene Schönheit und ich hatte gewählt, sie zu erleben.

Mein göttliches Selbst schenkte mir die Freiheit, alles zu erfahren, was ich nur wollte.

Ich würde selbst bestimmen, wann ich genügend gelernt hätte und bereit wäre, die Identifikation mit den Rollen und die daraus erfolgte Begrenzung meines Bewusstseins wieder loszulassen.

Ich hatte mich bereits auf einer ganz tiefen Ebene entschieden. Ich wollte wieder mein gesamtes Sein spüren und nicht nur einen winzigen Ausschnitt davon. Ich hatte meine Rollen genügend erfahren und wunderbare Qualitäten aus ihnen verwirklicht. Nun war es an der Zeit, mich wieder aus ihren Begrenzungen zu lösen, denn ich war noch so viel mehr als

Mutter, Ehefrau und Wegbegleiterin. Neue Qualitäten wollten sich entfalten und sich mit vielen weiteren, auch aus meinen anderen Leben, verbinden.

Dann schweiften meine Gedanken zu meiner Mutter. Ich liebte sie so sehr. Sie war eine so feine Frau, die mir das Bestmögliche ihrer Liebe mit auf den Weg gegeben hatte. Sie schenkte mir einen Körper. Ihre Liebe kannte keine Wertung, sie war bereit, mich zu empfangen, und dies war keine ganz leichte Aufgabe, denn ich trug bereits einige hohe Energien zu jener Zeit.

Mein Vater hingegen hatte eine ganz andere Aufgabe für mich übernommen. Er liebte mich ebenso, doch versprach er mich als junge Frau auch einem anderen Mann und brach dadurch mein Vertrauen. Hätte er es aber nicht getan, so wäre ich nicht meinen ganz eigenen, rebellischen Weg gegangen, und dieser führte mich letzten Endes immerhin zu Jeshua. Auch sein Einfluss, ganz gleich ob ich ihn als gut oder schlecht erachten mochte, hatte mich zu dem Menschen gemacht, der ich jetzt war.

Mein Vater löste meine tiefsten Wunden in mir aus, damit ich mir einen Weg der Heilung erschaffen würde, den ich mit anderen teilen konnte. Diese Aufgabe hatte er aus Liebe übernommen. Und hätte er denn wirklich mein Vertrauen brechen können, wenn dort nicht schon längst eine Wunde gewesen wäre?

Wie wunderbar alles zusammenwirkte. Als Mensch neigte ich dazu, mich auf das erfahrene Leid zu fokussieren, es dadurch aufrecht zu erhalten und anderen Schuld zuzuweisen. Doch nun erkannte ich die Schönheit der gesamten Erfahrung und wie vollkommen alle Beteiligten darin mitwirkten.

Ich spürte tiefe Vergebung für meinen Vater und konnte sein Geschenk an mich nun erstmals erkennen. Die Bande unserer Verletzungen lösten sich in dieser Erkenntnis auf. Die alten Rollen, die wir füreinander eingenommen hatten, hatten ihre Aufgabe erfüllt. Endlich war wieder die reine, unverfälschte Liebe zwischen uns spürbar. Alle diese Rollen hatten einen Grund. Sie legten die Grundlage für meine Erfahrungen. Nun konnte ich sie freigeben und meine Freiheit daraus erlangen.

Die Liebe blieb. Sie war die reinste Essenz. Auf der Frequenz der Einheit schwangen wir alle gemeinsam und waren in einem großartigen Tanz der Erfahrungen miteinander verbunden. Wir erfuhren jeder unsere eigene Weisheit und teilten sie miteinander.

Die Rollen meines Lebens drifteten vor meinen inneren Augen wie Wolken auseinander. Zwischen ihnen kam meine Göttlichkeit wie eine strahlende Sonne zum Vorschein. Sie leuchtete durch alle Erfahrungen, Rollen und Gewänder hindurch. Sie war ewig und unendlich.

Sie war ich und gleichzeitig ALLES!

Allumfassende Liebe erfüllte mich – mein wahres Sein!

Hier spürte ich ganz neue Möglichkeiten. Ich könnte alles leben und war frei von Begrenzungen und negativen Gefühlen. Auf meinem Aufstiegsweg war ein wiederholtes Loslassen meiner Identifikationen erforderlich. Ich bemerkte, wie gründlich ich mich mit all den Rollen und Geschichten verbunden hatte und dass es viele Jahre und Erkenntnisse benötigte, um mich wieder ganz aus ihnen zu befreien.

Heilmediation: Das wahre Sein jenseits von Rollen und Identifikationen

Atme Liebe durch dein Herzchakra ein und lasse sie in deinen ganzen Körper fließen.

Spüre und genieße.

Pause

Werde dir nun deiner vielen Rollen bewusst, die du angenommen hast.

Identifizierst du dich mit einem bestimmten Beruf, mit Rollen des guten Freundes/Freundin, Mutter/Vater, Angestellter/Selbständiger, Bruder/Schwester?

Spielst du vielleicht Rollen von gut oder böse, schuldig oder unschuldig?

Wie gut kleidest du deine Rollen aus? Fühlst du dich verletzt, wenn dich jemand darin kritisiert oder ablehnt?

Die Rollen dienen dir für ganz bestimmte Erfahrungen, aber sie sind nicht dein ewiger Seinszustand. Du kannst dich sehr begrenzen, wenn du zu sehr an ihnen festhältst. Trete nun innerlich einen großen Schritt aus den Rollen heraus.

Du besitzt weitaus mehr Fähigkeiten, als dir bisher bewusst sind. Bleibst du in bestimmten Rollen stecken, wirst du so manche weiteren Fähigkeiten nicht entdecken können. Gehe einen großen Schritt dort heraus und betrete das Land neuer Möglichkeiten.

ↄ Pause

Spüre nun einmal zurück in deine Kindheit. Dort gab es noch keine Rollen und Identifikationen. Du hast sie erst später angenommen.

Nimm wahr, wie frei du dort noch warst.

Dort konntest du dich besser spüren.

ↄ Pause

Erlaube dir nun, deine Identifikationen beiseite zu schieben.

Denke dir alles um dich herum weg. Deine Umgebung verschwindet, die anderen Menschen, ja sogar die Erde und das Universum.

Was jetzt übrig bleibt ist dein Gefühl, dass du existierst.

Dies ist die Wahrnehmung deines ICH BIN – ICH EXISTIERE.

Du bist pures Sein, ohne irgendwelche Bedingungen erfüllen zu müssen.

Alle Rollen sind an Aufgaben und Bedingungen geknüpft – dein wahres Sein nicht.

Fühle das helle Licht deiner Göttlichkeit hinter deinen vielen Rollen.

Sie lächelt dich an.

Sie war die ganze Zeit über da und hat auf dich gewartet.

ↄ Pause

Fühle das Licht deines wahren Seins und erlaube ihm, zu einem dauerhaften Zustand zu werden.

Verweile mit etwas Übung immer längere Zeiten in dem Gefühl deines freien Seins.

4

Der Quellcode der DNA

»Der schöpferische Wunsch der göttlichen Quelle für jegliche Wesen ist reinste, erfüllende Glückseligkeit in strahlender Zeitlosigkeit und Liebe. Das ist die Wahrheit der Quelle und unseres göttlichen Seins.«

Der Quellcode meiner DNA – Loslösung vom Massenbewusstsein

»Wir haben unser ursprünglich freies Sein selbst begrenzt, um an den Inkarnationen auf der Erde teilnehmen zu können, niemand anderes hat das für uns getan«, sagte Jeshua bereits vor vielen Jahren zu mir und unseren Weggefährten, doch erst durch meine eigene Erfahrung konnte ich es auch wirklich verstehen.

Für die Leben in den Schöpfungswelten hatten wir Teile von uns zur Seite gestellt, um ganz bestimmte Ausschnitte unseres Seins erfahren zu können. Auch auf der Erde hatten wir uns gründlich fragmentiert – der entscheidende Punkt war, wie gut man sich aus dieser Täuschung wieder befreien konnte.

Einige Wochen später wurde es Zeit für einen weiteren inneren Schritt und Jeshua bot mir erneut seine Unterstützung an. Gemeinsam versanken wir in einen meditativen Zustand. Diese innere Haltung war mir ganz selbstverständlich geworden, ich bewegte mich schon lange nicht mehr auf der unruhigen Frequenz des reinen Verstandes und der alten Verletzungen. Wieviel angenehmer war es doch hier, eingebettet in Liebe und Geborgenheit.

Hier in der inneren Stille war ich meiner Göttlichkeit am nächsten. Ich konnte die erfüllenden Gefühle meines wahren Seins spüren und mein Leben einfach frei fließen lassen und stand mir nicht mehr mit meinen Ängsten, Sorgen und Begrenzungen im Weg.

Je mehr ich meine alten Lebensgeschichten fallen ließ, desto mehr konnte ich, zu meiner Überraschung, mein Leben zutiefst genießen. Ich badete fast ständig in dem Gefühl eines weiten, göttlichen Ozeans und ging sanft erfüllt durch den Tag.

Meine innere Sammlung konzentrierte sich und mein Bewusstsein öffnete sich in Bereiche, die mir zuvor nicht zugänglich waren. Plötzlich hatte ich Jeshuas Gesicht vor Augen und wir sahen uns an. Der Bewusstseinsraum war weit geöffnet und Jeshua verstärkte ihn für mich. Ich hatte das Gefühl, als würden sich die Grenzen meines Körpers auflösen. Ich beobachtete, wie sie an Kontur verloren, und mein Inneres erschien mir wie ein unendlich weiter Himmel, in dem Lichtkristalle meines göttlichen Bewusstseins funkelten. Mein ganzer Körper war aus pulsierender Energie aufgebaut und ich konnte ihn in seinen kleinsten Teilchen wahrnehmen. Ich sah ihn mit seinen Organen als Lichtpartikel, die in meinem inneren Universum pulsierten. Jede Zelle drückte das Leben aus, jedes Teilchen von mir schwang in der glückseligen, schöpferischen Freude meines göttlichen Seins. Dieser Zustand wollte so gerne gelebt werden. Alles Leid, alle Krankheit und Traurigkeit waren weit von diesem freudigen Zustand entfernt und ich spürte deutlich die Einladung, wieder reine Freude auszudrücken. Überall durfte Glückseligkeit, Vollkommenheit, Liebe und Freude, Gesundheit, Vitalität und so vieles mehr gelebt werden. Wie weit hatten wir uns doch davon entfernt!

Ich genoss das erfrischende Gefühl. Während mich der vitale Quellstrom durchfloss, bemerkte ich, dass manche meiner Lichtteilchen nicht ganz frei schwingen konnten. Sie schienen verdichtet zu sein und konnten sich nicht ungehindert bewegen. An diesen Stellen war ich aus der Harmonie geraten. Kaum hatte ich das wahrgenommen, wurde meine Schwingung weiter angehoben, und eine noch höhere Frequenz umgab mich.

Jeshua machte mir bewusst, dass diese Verdichtungen aus Gefühlen und Überzeugungen entstanden waren, die gar nicht zu mir gehörten. Ich hatte sie im Laufe meiner Leben unbewusst von anderen Menschen aufgenommen. Er bat mich, mein Inneres zu fragen, wie es dazu gekommen war. Als Antwort nahm ich plötzlich einige meiner Schülerinnen wahr, wie sie aufmerksam meinen Worten lauschten, Ausschnitte aus unserer gemeinsamen Zeit. Ich konnte die Schwierigkeiten in ihren Leben fühlen und jetzt bemerkte ich, dass ich Fragmente ihrer Leidensgeschichten dabei unbeabsichtigt in mir aufgenommen hatte.

Jeshua deutete mir an, sie loszulassen, und so reichte ich sie ihnen liebevoll zurück. Ich wusste, dass ich auf diese Weise nichts für sie erlösen konnte. Ich konnte ihnen bestenfalls den Weg dorthin zeigen, sie ermutigen und in Bewusstseinszustände begleiten, die ich bereits verwirklicht hatte, und mehr war auch nicht nötig. Würde ich die Grenzen ihrer Selbstbestimmung überschreiten und versuchen, ihnen etwas abzunehmen, so würde ich nur mir selbst schaden, wie ich hier bemerkte – und gleichzeitig würde ich auch die Freiheit ihrer und meiner Erfahrung einschränken!

Ich ließ den Strom ihrer Energien nun, durch meine Absicht, aus mir abfließen und er gab einige meiner Organe wieder frei. Alles strömte als reine Lebensenergie zu meinen Schülerinnen zurück. Besonders meine Bauchorgane waren von ihren Energien bedeckt gewesen. Ich ließ die Ummantelungen abfließen und sogleich konnte der vitale Quellstrom meinen Körper wieder erreichen. Alles reinigte sich und erstrahlte wieder in lebendigem Licht.

Aus noch tieferen Schichten lösten sich nun auch energetische Einprägungen von Krankheitserregern, die aus vergangenen Leben in mir verblieben waren. Ich hatte mehrfach schwere Krankheiten durchlebt und daraus auch gelernt, sie zu heilen. Nun waren genügend dieser Erfahrungen gemacht.

Mein Körper hatte ein Recht, wieder frei davon zu sein, und so ließ ich auf der energetischen Ebene Krankheitskeime abfließen, die wie dunkle Schwärme aus mir entschwanden.

Jeshua sprach mir ermutigend zu. Es sollte noch mehr geschehen. Minuten später bekam ich das Gefühl, auf der Ebene des reinen Quellcodes meiner Zellen angelangt zu sein. Hier befand sich die Informationsebene meiner DNA. Zunächst nahm ich sie als reich angefüllt wahr, alle möglichen Informationen und Einflüsse schwangen in ihr, doch auf diese Weise erschien sie mir auch unangenehm überfüllt. In ihr waren Informationen angehäuft, die nicht zu mir gehörten und die ich von meinen Ahnen übernommen hatte.

Dann spürte ich in die Ebene ihres noch unbeschriebenen Urzustands hinein, die einfach bereit war alles aufzunehmen und zu speichern, was man ihr eingeben würde. Sie fühlte sich vollkommen frei und klar an.

Dann konnte ich sehen, dass ich mich für Geburten in ganz bestimmten Familien entschieden hatte, und so wurden neben den körperlichen Merkmalen meiner Vorfahren auch deren unerlöste Gefühle, Lebensthemen und potenzielle Krankheiten in meine DNA-Speicher eingeschrieben. Konnten sie ihre Themen nicht erlösen, so könnten ihre Körper Krankheiten entwickeln, um sie darauf aufmerksam zu machen.

In ihrem ursprünglichen Zustand war meine DNA vollständig rein und in jedem Moment bereit, den lebendigen Quellstrom meines göttlichen Seins zu empfangen und umzusetzen. Lediglich von hier sollten jetzt alle benötigten Informationen wieder einfließen!

In meinem Quellbewusstsein gab es nichts anderes als Informationen von Liebe, Glückseligkeit, erfülltem Leben und selbstverständlicher Gesundheit. Hier gab es kein Alter, keine Krankheit, kein leidvolles Sterben, keinen Verlust, nur ständige Wandlung, Erneuerung, Weiterentwicklung und das Erleben immer neuer Möglichkeiten.

Ein sich ständig neu entfaltendes Sein.

Es war an der Zeit, die alten Abspeicherungen zu entlassen und die Grundebene meiner DNA wieder von meiner Göttlichkeit erfüllen zu lassen.

Ich konzentrierte mich zunächst darauf, die Informationen meiner Ahnen zu entlassen. Kaum dachte ich an sie, sah ich verschwommene Bilder von Menschen vor mir aufleuchten, die sich durch die Zeitepochen bewegten. Ich nahm innere Bilder der Vergangenheit, der Gegenwart und auch der Zukunft wahr. Ich entschloss mich, alles abfließen zu lassen, was ich von ihnen übernommen hatte. Ihre Muster und Verhaltensweisen hatten mir gut gedient und waren mir ein Vorbild, um auf der Erde zu überleben. Ich hatte schöne Gefühle von ihnen aufgenommen, wie auch belastende Erfahrungen und Überzeugungen. Ich hatte in ihre Themen eingewilligt, damit ich mich daran entwickeln konnte, und unsere Ahnengruppe teilte die erworbene Weisheit miteinander, so wie es alle Ahnengruppen taten.

Der Speicher meiner DNA sollte sich nun davon befreien. Einige meiner Ahnen traten hervor und nahmen ihre Energien zurück. Anderes floss einfach durch Raum und Zeit in die Ferne davon.

Ich sah nordische Krieger auf ihren Pferden durch das karge Hochland reiten, auf der Suche nach neuer Heimat. Sie eroberten neue Gebiete und waren bereit, dafür auch zu töten. Ich legte ihren Überlebenskampf zurück in ihre Hände und spürte, dass sich meine eigene Neigung, ständig zu kämpfen, deutlich entspannte. Andere meiner Vorfahren lebten übermäßige Frömmigkeit, sie flüchteten vor ihren Herausforderungen und ich ließ ihre ängstliche Erstarrung los.

Weitere Teile in meinem DNA-Speicher kamen aus dem Kollektivbewusstsein der Menschheit, das ebenfalls tief in mir verankert war. Jeshua hatte mir und seinen Schülern viel davon erzählt. Durch unsere Inkarnationen auf der Erde wurden wir nicht nur an der gesammelten Weisheit aller Menschen beteiligt, sondern standen auch unter dem Einfluss ihrer Begrenzungen. Leid, Krankheit und Mangel waren tief in das kollektive Gedächtnis eingeprägt. Selbst wenn mein Bewusstseinsaufstieg weiter fortgeschritten wäre, würde ich diese Einflüsse immer noch spüren können. Sie würden mich zurückhalten, wenn ich nicht vollständig aus ihnen heraustrat.

Ich nahm sie wie eine dicke Decke wahr, unter der ich mich nur langsam bewegen konnte. Sie bremste mich. Doch warum hatte ich sie überhaupt angenommen? Ich spürte tiefer hinein und bemerkte, dass sie mir doch auch ein Gefühl von Sicherheit und Geborgenheit vermittelte. So fühlte ich mich nicht allein und erhielt eine Verbindung zu anderen Menschen. Auf dieser Ebene teilte ich Freud wie auch Leid mit ihnen und fühlte mich ihnen dadurch sehr nahe.

Doch ich hatte längst gelernt, anderen nahe zu sein, ohne mich von ihnen abhängig zu machen. Ich dankte allen Menschen, dass sie mich in ihre Gemeinschaft aufgenommen hatten. Nun wehrte ich mich nicht mehr gegen das Kollektiv, sondern erkannte den Segen, den es mir vermittelt hatte. Unter der bremsenden Decke verbargen sich in Wahrheit Entwicklungsgeschenke und die ursprüngliche Liebe und Akzeptanz der anderen Seelen für mich.

Die Speicher in meinen Zellen leerten sich zusehends und ich fühlte mich auf einer tiefen Ebene gereinigt und befreit. Ich ließ Liebe und Dankbarkeit aus meinem Herzen zur Menschheit fließen und segnete sie. Die Verankerungen öffneten sich und sollten keinen Einfluss mehr auf meine Gesundheit, Gefühle und Gedanken haben.

Zu meiner Überraschung konnte ich erstmals die Neigung der Menschheit wahrnehmen, sich auf negative Ereignisse zu fixieren. Sie suchten unbewusst Halt am Leid. Doch warum nur? Wäre es nicht viel leichter, sich auf etwas Schönes zu konzentrieren? Doch die Menschen vertrauten ihrer Seele nicht, denn sie fühlten die Verbindung nicht mehr. Dadurch hatten sie einen schmerzhaften Kreislauf erschaffen. Ihre Fokussierung auf Leid erzeugte schwierige Lebensumstände und diese erzeugten noch mehr Angst und Leid.

Schmerzvolle Ereignisse, Leid, Mangel und Kriege waren tief in die kollektive Erinnerung eingeprägt. Sie erzeugten ein auffälliges Flackern, das sofort die Aufmerksamkeit der vielen noch unbewussten Menschen auf sich zog.

Sie stürzten sich geradezu auf die leidvollen Gefühle und Ereignisse im Massenbewusstsein und versuchten Halt daran zu finden.

Ausgerechnet negative Ereignisse erregten die größte Aufmerksamkeit im Kollektiv, denn aus der Gewohnheit der ständigen Verletzung heraus erschienen sie den Menschen am vertrautesten.

Es war, als ob man hungrigen Tieren Futter hinwarf. Ich war überrascht, wie tief die Illusion der Trennung im Feld des Kollektivs verankert war. Dass sie Glück wie auch Leid selbst erschufen, hatten die Menschen längst vergessen. Glücklicherweise konnte ich mich auf erhebende Gefühle ausrichten und in ihnen verweilen. Aus ihnen erschuf ich eine neue, heilsame Realität für mich.

Der Schlüssel lag darin, sich auf die lebensbejahenden Stärken zu besinnen und diese auszuleben. Daraus konnten wieder positive Erlebnisse und Gefühle folgen, die eine freudvolle Zukunft erschaffen würden.

Als ich das Spiel des Kollektivs erkannte, konnte ich es loslassen. Ich hatte es bereits hinreichend erlebt und mehr davon war nicht nötig. Dies gab mich frei.

Ich wollte zu einer aufbauenden Lebensschöpfung beitragen und nicht länger das leidvolle Bild bedienen. Ich ließ den inneren Kampf zwischen Krieg und Frieden, Recht und Unrecht, glücklich und unglücklich, arm und reich, krank und gesund und vieles andere los. Es waren allesamt nur alte Geschichten, die der niedrigen Schwingungsebene meiner Trennungsgefühle entsprachen. Irgendwann hätte sich die Menschheit genügend daran entwickelt und würde auf die nächste Stufe ihres Bewusstseins aufsteigen.

Der schöpferische Wunsch der göttlichen Quelle für jegliche Wesen war reinste, erfüllende Glückseligkeit in strahlender Zeitlosigkeit und Liebe. Das war die Wahrheit der Quelle und unseres göttlichen Seins.

Jeshuas Gesicht leuchtete in der Meditation frisch und klar vor mir. Sein lichter Körper war vom reinsten Quelllicht durchflutet und vibrierte vollständig auf dieser ewig erfüllenden Frequenz. War dies nicht die bessere Voraussetzung für glückliche Erfahrungen?

Wir durften die alten Leidensgeschichten fallen lassen, unsere inneren Widerstände und Anhaftungen erlösen. Auf diese Weise konnten sich die negativen Gefühle wieder in positive wandeln und den Zugang zu unserer Göttlichkeit öffnen. Wir durften lernen, den reinen, liebenden Fluss der Quelle anzunehmen und ihn durch uns auf der Erde zu verwirklichen. Strahlend schönes Sein, strahlend hell und gesund. Auf dieser Ebene meiner Gefühle war ich nun bereit, neue Impulse auf der Erde zu leben, mein Leben in vollen Zügen anzunehmen und in einem göttlichen Sinne zu verwirklichen.

Heilmeditation: Erschaffung von Realität aus positiven Gefühlen

Unangenehme Teile unserer Realität erschaffen wir unbewusst aus negativen Gefühlen und Überzeugungen. Es ist sehr hilfreich, ein Gegengewicht zu den noch vorhandenen Verletzungen in Form von positiven Gefühlen zu erschaffen.

Positive Gefühle können tatsächlich trainiert werden. Sie bewirken, dass sich deine Nervenbahnen nach etwa vier Wochen neu organisieren und es dir immer leichter fallen wird, dich gut zu fühlen. Allein dadurch können sich schon einige innere Wunden erlösen. Es wird zusehends leichter, gute Lösungen für »Probleme« zu finden, weil wir mit einem solchen Ressourcenpool von positiven Gefühle viel stabiler in uns stehen.

Die Meditation

Stelle dir eine innere Landschaft vor, in der du dich sicher und geborgen fühlst. Vielleicht lehnst du dich an einen Baum oder schmiegst dich in eine warme Sanddüne. Spüre die angenehmen Gefühle von Sicherheit und Geborgenheit aus dieser Vorstellung und erlaube, dass sie sich in deinem Körper ausbreiten. Halte sie einige Sekunden in dir aufrecht oder so lange, wie es dir angenehm ist.

Pause

Lege eine Hand auf dein Herz und lasse den Satz »Ich liebe mich« in deinem Herzen schwingen. Fühle deine sanfte Herzensliebe und lasse sie durch deinen Körper schwingen. Halte das Gefühl einige Sekunden in dir aufrecht oder so lange, wie es dir angenehm ist.

Tauche mehrfach am Tag in diese guten Gefühle ein. Halte sie zu Beginn einige Sekunden und dehne die Zeiträume dann aus. Mit etwas Übung wirst du feststellen, dass du die positiven Gefühle jederzeit in dir wachrufen und über immer längere Zeiträume in dir fühlen kannst.

Durch diese Übung verbindest du dich mit drei grundlegenden positiven Gefühlen, die deine Realität nun kraftvoll mitgestalten können:

1. Sicherheit
2. Geborgenheit

Dies sind die Grundgefühle deiner inneren Mitte, die dich stabilisieren. Herausforderungen können leichter angenommen und gemeistert werden.

3. Liebe

Das Gefühl sanfter Herzensliebe öffnet dein Herz und bringt dich in fortschreitenden Kontakt mit deinem göttlichen Kern beziehungsweise göttlichem Selbst.

Du kannst, neben meinem Vorschlag, auch gerne dein eigenes Hilfsmittel für diese Übung finden. Sich beispielsweise vorzustellen, in eine warme Decke eingekuschelt zu sein, kann ebenfalls ganz schnell Gefühle von Geborgenheit und Sicherheit erzeugen. Lasse das Hilfsbild dann irgendwann weg und gehe direkt in das bewusste Fühlen hinein.

Schenke dir einen Zeitraum von mindestens vier Wochen, um diese Gefühle täglich mehrmals zu trainieren. Du kannst sie immer wieder fühlen und halten, während du Alltagstätigkeiten nachgehst.

Wenn sich zwischendurch negative Gefühle zeigen, so nimm sie bitte liebevoll an, denn es sind wichtige Signalgeber, dass etwas in dir noch verletzt ist oder dass jemand/etwas gerade deine Grenzen überschritten hat. Doch wir müssen nicht hilflos in ihnen versinken. Nimm sie innerlich liebevoll in die Arme und frage sie, was sie brauchen, um zu heilen, oder welche Farbe oder welchen Klang sie benötigen. Versorge sie über deine innere Zuwendung mit dem Gewünschten und spüre, wie sie heilen und sich in positive Gefühle verwandeln.

Deine Gefühle und Überzeugungen formen deine erlebte Realität. Du kannst jetzt beginnen, etwas zu verändern und eine Realität zu erschaffen, die deine positiven Gefühle spiegelt! Meine geistige Führung hat mir diesen Vorschlag vor vielen Jahren gemacht und ich kann dir aus eigener Erfahrung bestätigen, dass sich die Übung wirklich gelohnt hat. Ich habe einen guten Monat täglich mehrfach geübt, bis ich mich liebevoll erfüllt, gut und sicher fühlte.

Ein halbes Jahr später bemerkte ich, dass die positiven Gefühle in meinem Alltag überwogen, bis sie einige Zeit später zu einem Dauerzustand wurden.

Auf einer solchen Basis erlebt sich das Leben mit neuer Leichtigkeit ***und das innere Glücksgefühl wird unabhängig von anderen Menschen und Situationen!***

5

Die Geschichte meiner Mutter

»Es existiert eine Schönheit des vollkommenen Zusammenwirkens aller Wesen, in einem göttlichen Plan. Es ist kein Plan, wie wir ihn irdisch verstehen würden, es sind vielmehr unendliche Möglichkeiten, die jedem Wesen erlauben, sich selbst und die Quelle zu erfahren. Dieser Plan dient der reinen Erfüllung.«

Der Planet Aride

In einer der sternenklaren Nächte sollte ich mehr über meine irdische Mutter und ihr heilendes Wirken erfahren. In ihrem jetzigen Leben war sie sich dessen nicht bewusst. Sie hatte diesen Teil von sich, in ihrem jetzigen Leben, für ganz bestimmte Erfahrungen zurückgestellt und auch, um als meine Mutter hier sein zu können. Niemals hätte ich vermutet, dass sie auf anderen Ebenen ihres Seins derartiges Wissen trug, wie es sich mir nun offenbaren sollte.

Ich liebte den Anblick der Sterne am Firmament, er löste eine tiefe Klarheit und Ruhe in mir aus. Ich spürte stets Freude, aber auch etwas Sehnsucht, wenn ich sie betrachtete. Ich hatte das Gefühl, als könnte ich augenblicklich in das Firmament emporsteigen und in die unendlichen Sternenwelten entschweben.

In dieser Nacht saß ich draußen allein auf einem großen Stein, als mich unvermittelt der innere Ruf meiner Mutter erreichte. Wo sie wohl gerade sein mochte? Ich hatte lange nichts mehr von ihr gehört, denn wir waren weit gewandert und fern meines Heimatdorfes. Ich spürte, dass es ihr gut ging, und konnte überraschend wahrnehmen, dass sie mich von einer höheren Ebene ihres Seins auf eine Reise zu den Sternen einlud.

Ich öffnete mein Bewusstsein weit in das Firmament und folgte ihrer Stimme. In meiner Wahrnehmung leuchtete ein Planet vor mir auf und zog meine Aufmerksamkeit auf sich. Ich nahm ihn wahr und stellte mir vor, ihn zu betreten. Die Eindrücke erschienen mir seltsam intensiv. Meine Füße berührten einen Boden, der sich weich anfühlte. Ich konnte bequem auf ihm gehen, mein Körper fühlte sich sehr viel leichter an als auf der Erde, und ich sah mich in ein langes, weißes Gewand gehüllt. Diese Welt war höherschwingend als die Realität der Erde.

»Willkommen auf Aride, meine Tochter«, vernahm ich die vertraute Stimme meiner Mutter, die unvermittelt neben mir erschien. »Du warst schon lange nicht mehr hier. Erinnere dich, dass dies einst auch dein Zuhause war.«

Ich wandte mich meiner Mutter freudig überrascht zu. »Es ist so schön, dich wiederzusehen. Hier ist es so friedlich, weitab von den unruhigen Gedanken und Strömungen der Menschen auf der Erde«, sagte ich zu ihr.

»Es gibt hier kein unbewusstes Sein wie auf der Erde, das unruhige Wellen schlägt. Alles schwingt gleichmäßig«, entgegnete sie. Auch sie war in ein langes weißes Gewand aus zarten Schleiern gehüllt, die ihren Körper anmutig umspielten.

Wir umarmten uns und ohne Worte liefen wir ein Stück in die flache, nur wenig bewachsene Landschaft des Planeten hinein, die im Mondlicht weiß-bläulich leuchtete. Es gab einen Mond, der den Planeten erhellte. Meine Mutter sah sehr viel jünger und auch feingliedriger aus als auf der Erde. Meine Vorstellung von ihr als irdische Mutter trat beiseite und gab die Erinnerung frei, dass wir uns aus gemeinsamen Leben auf diesem Planeten kannten.

Alles hier schien sehr viel zarter und feiner zu sein als auf der Erde. Es gab Pflanzen hier, doch ganz andere als auf der Erde und nur wenige Arten. Sie benötigten keine speziellen Nährstoffe oder Wasser, sondern wurden ausschließlich von den Energieströmen des Planeten genährt.

Die ersten Pflanzen, die mir auffielen, verfügten über einen etwa drei Meter langen, leicht gebogenen Stiel, der in einen großen Kelch mündete. Sie besaßen keine Blätter und ihre perlmuttschimmernden Kelche neigten sich sanft über unsere Köpfe. Sie waren größer als unsere Köpfe und leuchten zart von innen heraus. In ihnen befand sich flüssige Energie, die man trinken konnte. Sie nährte sämtliche Existenzformen dieser Welt.

Meine Mutter deutete mir an zu probieren. Ich nahm einen der Kelche, zog ihn mit meinen Händen bis an meine Lippen und trank beherzt einen Schluck. Der Trank schmeckte sehr gut, fast wie flüssiger Honig, doch von einer milderen Süße. Ein wässriger Nektar, der sich in die perfekte Balance auf diesem Planeten einfügte. Die Pflanzen stellten ihn zur Verfügung und es war ihre höchste Freude, dass alle Lebewesen ganz selbstverständlich davon nahmen.

Zarte Vogelwesen schwirrten wie Kolibris durch die Nacht und kleinere reptilien- und säugetierartige Wesen liefen vor uns her. Sie zeigten keinerlei Scheu, es gab keine Eile und kein Empfinden von Zeit. Ich fühlte mich in eine harmonische Schöpfungswelt eingebettet.

»Was machen wir hier?«, fragte ich meine Mutter, noch sichtlich überrascht. »Komm, mein Kind, meine weise Schülerin, ich zeige dir etwas, das deiner Erinnerung helfen wird«, teilte sie mir mit. Wir liefen eine Weile und obwohl wir nicht sprachen, übermittelte sie mir Gefühle liebevoller Zuwendung und Nähe, die ich auf der Erde so intensiv nie von ihr hatte spüren können.

Dann erreichten wir eine Höhle und gingen hinein. An ihren Wänden und der Decke hingen kugelförmige Pflanzengebilde an kurzen Stängeln. Sie leuchteten von innen heraus und tauchten die gesamte Höhle in ein weißbläuliches Licht.

»Wir leben hier als kreative, forschende Gemeinschaft«, fuhr meine Mutter fort. »Und auch du warst einst ein Teil dieser Gemeinschaft. Du hast deinen Platz immer noch hier, ein Teil deines Bewusstseins kennt den Zugang zu diesem Planeten. Du hast hier sehr viel über Heilung gelernt, bevor du zur Erde gegangen bist. Manche der Heiler auf der Erde werden hier auf ihr Wirken vorbereitet, denn die hier erkannten Heilweisen lassen sich auf der Erde sehr gut anwenden.

In die Schöpfungsspuren dieses Planeten ist eine erdähnliche Schwingung eingebettet und man kann von hier aus erkunden, wie sich bestimmte Frequenzen auf einen irdischen Körper auswirken. Wir wirken mit Farben, Klängen und Bewusstheit bis tief in die Zellstruktur und die DNA hinein. Hier ist sehr viel Wissen darüber eingebettet, wie eine menschliche Zelle funktioniert und wie sich innere Ausrichtungen und Bewusstseinsströme auf einen menschlichen Körper auswirken.«

Ich sah meine Mutter staunend an. Sie verkörperte hier eine Heilerin und Mentorin von hohem Wissen und ich empfand Stolz, von ihr lernen zu dürfen. Meine Mutter setzte ihre Ausführungen fort: »Wir können verschiedenste Epochen der Erde mit ihren möglichen Entwicklungen und Erkrankungen einsehen und aus ihnen lernen. Manche Seelen kommen nach einer Inkarnation auf der Erde für eine Weile hierher, um sich mit Heilwissen für einen neuen Entwicklungsabschnitt der Menschheit aufzuladen und auch du hast das einst getan. Du hast hier viel Wissen für deinen Heilweg auf der Erde aufgenommen. Einiges davon hat sich bereits zu verschiedenen Zeitpunkten deines Lebens aktiviert und ist dir bewusst geworden.

Erinnere dich, wie wir hier zusammengesessen und vieles erforscht haben. Wir haben die Verletzungen der Weiblichkeit betrachtet und darüber sinniert, wie sehr die weiblichen Kräfte dem schöpferischen Bewusstsein auf der Erde in einer männlich dominierten Zeit fehlen würden. Die empfangende, nährende und zulassende Qualität der Weiblichkeit würde nach einer Verbindung mit dem aktiven, männlichen Prinzip suchen, um wieder Vollständigkeit zu bilden. Diese Vereinigung wird den Menschen maßgeblich helfen, in ihre Vollständigkeit und Schöpferkraft zurückzukehren.

Unser Wissen fließt auch in andere Zeitepochen der Erde. Ich lerne hier viel über Heilmethoden in Atlantis, Lemurien, Nordamerika, Asien und anderen Kulturen. Im Moment widme ich mich einem Erfahrungsgebiet, das du in eine fernere Zukunft der Menschheit einordnen würdest. Auf dieser Ebene unterrichte ich auch deine jetzige Tochter, so wie ich einst dich unterrichtet habe.«

»Sarah …?« Ich war verblüfft. Mir war schon lange klar, dass sie eine andere Energie verkörperte als ich oder Jeshua und ihr Bewusstsein andere Zugänge mit sich brachte. Jetzt begriff ich es endlich. Sie war bereits auf die Schwingung einer zukünftigen Zeitepoche der Erde ausgerichtet. Ihr Sein kündigte den Beginn einer Neuen Zeit, eines erhöhten Bewusstseins der Menschheit an. Ich war dankbar für diese Erkenntnis, denn nun verstand ich viel besser, welche Geschenke Sarah verkörperte.

Die Heiler von Aride

»Kannst du mir bitte etwas von dem zeigen, was du hier lernst und lehrst?«, fragte ich meine Mutter. Begeistert wandte sie sich um und beschrieb mit ihren Händen eine öffnende Geste im Raum. Sie griff in die Raumenergie hinein und öffnete eine Realitätsebene, welche die bisher sichtbare Landschaft von Aride hinter sich ließ.

Dort sah ich menschenähnliche Wesen in langen weißen Gewänden stehen. Ich erkannte sie als friedliche Forscher, die sich ganz dem Gebiet der Heilung hingegeben hatten. Sie erschienen rein äußerlich gleichaltrig, zeichneten sich aber durch unterschiedliche Weisheitsgrade aus. In manchen von ihnen spürte ich eine tiefgründige Weisheit, in anderen fühlte sich ihre Essenz eher farbig oder einfach anders an und sie zeigte wirkungsvoll die Fülle ihres Wissens und ihrer Erfahrungen. Männer wie Frauen arbeiteten hier an einem gemeinsamen Projekt.

Wir betraten den eröffneten Raum und auch ohne erkennbare Lichtquelle war er hell erleuchtet. Sein Licht war warm und angenehm. Klänge und feinste Frequenzen schwebten als bunte Felder oder Ströme im Raum.

Die Forscher schienen mich gar nicht wahrzunehmen, so vertieft waren sie in ihr Wirken. Eine Gruppe von Fünfen stand um eine schwebende, weiße Tischplatte. Sie holten durch Handbewegungen Klänge aus dem freien Raum in ihre Realität und ließen sie auf verdichtete Zellstrukturen auf dem Tisch einwirken. Dort lag kein lebendiger Proband, sondern lediglich ein Klumpen verdichteter Energie. Alle problematischen Strukturen, an denen sie forschten, existierten ausschließlich in energetischer Form.

Eine weitere Gruppe von Vieren war um eine Erscheinung versammelt, die wie ein dunkler Nebel in der Luft schwebte. Durch Hand- und Augenbewegungen gaben sie Impulse der Neuordnung hinein. Andächtig betrachtete ich ihr Wirken.

»Wir arbeiten an einer Erkrankung, die in einer möglichen Zukunft auf der Erde ›Krebs‹ genannt werden wird«, nahm meine Mutter das Gespräch wieder auf. »Sie hat das Potenzial, dass Menschen in bestimmten Völkern daran erkranken, und es kann ihre Zellen so eindringlich befallen, dass sie es zunächst für unheilbar halten werden. Es wird kaum auf ihre herkömmlichen Mittel reagieren und die Körperzellen können sprunghaft und scheinbar unberechenbar darauf reagieren. Mal werden sie den Versuch einer Heilung annehmen und in anderen Fällen scheint alles vergebens zu sein. Die Krankheit kann regelrecht durch die Zellen springen. Sie ist nicht ansteckend auf eine Weise, wie du es bisher kennengelernt hast. Ihre ›Ansteckung‹ erfolgt auf einer ganz anderen Ebene als der körperlichen. Sie hängt direkt mit dem Bewusstsein des Menschen zusammen und ruft dazu auf, die inneren Sichtweisen, Begrenzungen und Überzeugungen, die den Krebs ausgelöst haben, zu verändern. Es fließt auf eine andere Weise durch die Körper als alles dort bislang Bekannte.

Die Menschen werden große Ängste davor entwickeln, denn sie werden bemerken, dass sie es nicht kontrollieren können. Doch die Ängste entwickeln sich nicht aus dem Krebs, vielmehr bringt er die schon längst vorhandenen Ängste an die Oberfläche. Die Menschen glauben, ihr Leben verlieren zu können, doch ihr Seelenleben ist in Wahrheit ewig, sie haben es nur vergessen. Alles, was sie vorübergehend verlieren können, ist ihr physischer Körper. Diese Erkrankung verdeutlicht ihnen, dass sie in einer Illusion von Trennung und Endlichkeit gefangen sind. Der Krebs wird daran rütteln wie kaum eine andere Erkrankung zu dieser Zeit.

Die Menschen werden erkennen dürfen, dass sie ihre Göttlichkeit nicht durch Anstrengung zurückerinnern können. Ebenso wenig können sie den Fluss ihres Lebens durch Nachdenken oder Wollen kontrollieren. Sie dürfen ihre gewohnten menschlichen Kontrollen loslassen und die Selbstliebe leben«, erklärte mir meine Mutter. Dann hielt sie einen Moment inne, bevor sie weitersprach: »Bitte verstehe mich richtig. Wir forschen mit Potenzialen, die in den Entwicklungstendenzen der Seelen zu erkennen sind. Findet ein entsprechendes Erkennen in den Menschen statt, so wird diese Erkrankung nicht zu einer gelebten Realität.

Von einer übergeordneten Perspektive aus betrachtet haben sich die Menschen gerade sehr weit von einem bewussten Leben entfernt. Sie haben den Kontakt zu der wahren metaphysischen Natur ihres Seins verloren. Nur sehr wenige leben im Einklang mit ihren Herzensgefühlen und ihrer Intuition. Es wäre ein sehr erfüllender Zustand, das Gehirn mit seinen beiden Hälften als eine verbundene Einheit zu nutzen und mit den Herzensgefühlen in Einklang zu bringen. Der Zustand der Trennung ist weder gut noch schlecht, es ist nur eine Erfahrung, jedoch eine, die sehr viel Leid mit sich bringen kann.

Für den Krebs wird es nicht in allen Fällen eine garantierte Heilung mit den irdischen Mitteln geben und sie werden allmählich entdecken, dass er nur nachhaltig auf eine Veränderung ihres Bewusstseins reagieren wird. Er kann einer der größten Katalysatoren sein, der die Menschen auf ihr inneres Ungleichgewicht aufmerksam macht. Der Krebs ist scheinbares Chaos, doch in Wahrheit ist er ein Ausdruck von Antrieb, um die Menschen zu einer inneren Veränderung zu bewegen. Diese Erkrankung wird als ein Motor dienen, um den Übergang in ein neues Bewusstsein zu unterstützen, in dem die Menschen ihrer Göttlichkeit wieder näherkommen.

Wir lassen göttliche Klänge auf die befallenen Zellen wirken, um das erhöhte Bewusstsein mit den Zellen zu verbinden, denn diese Verbindung ist schon lange unterbrochen. Wenn der Mensch seine Kraft und Lebensausrichtung auf die Liebe, Selbstliebe, Selbstannahme, Wertschätzung und schöpferische Freude wiedererkennt und das Geschenk des Lebens in vollen Zügen annimmt und auslebt, so wird der ›Bewusstseinsvirus‹ der Krankheit die Zellen verlassen. Das Licht der Bewusstheit kann es heilen.

Viele suchen Sicherheit in der Materie, in Heim und Herd, in anderen Menschen, statt sich ihrer eigenen Stärke bewusst zu werden. Die Menschen dürfen ihre Herausforderungen nicht länger als Feinde, sondern müssen sie als beste Freunde ihrer Entwicklung ansehen. Mutige Seelen werden durch die Krankheit starke Veränderungen ihrer innersten Überzeugungen einleiten. Ganz gleich, ob sie ihre Leben auf der Erde weiterführen werden oder nicht, ihre gewonnen Erkenntnisse und ihr Umgang damit werden zutiefst wertvoll für alle sein.«

Während ich den Worten meiner Mutter lauschte, wusste ich, dass es mit meiner Zeit noch nichts zu tun hatte. Ich bemerkte aber, dass bereits die Anfänge dafür angelegt waren. Es war die Saat der Unbewusstheit, die Ablehnung und Missachtung des Lebens.

Die Menschen werteten zu meiner Zeit sehr stark, es galt das Überleben des Stärkeren und das schloss fast alles andere aus den Herzen aus. Diese Ausrichtung erschuf eine negative Verdichtung bis tief in die Zellen und daraus würden sich potenziell Erkrankungen entwickeln können. Sie würden ein Hinweis darauf sein, dass sich der Mensch zu weit von seiner geistigen Natur entfernt hatte.

Jegliche Krankheit kennzeichnete einen Zustand der Stagnation. Sie wollten das Leben nicht erschweren, sondern einen neuen Weg zeigen.

»Gibt es andere Planeten wie Aride?«, fragte ich meine Mutter. Ich war neugierig geworden. »Viele andere, meine geliebte Tochter, Schülerin und Weltenlehrerin, deren Entwicklungsweg du gewählt hast. Aride befindet sich an einem anderen Ende unserer Galaxis als die Erde. In dieser Galaxis gibt es noch weitere, ähnliche Forschungsplaneten, ganz zu schweigen von anderen Galaxien und Realitätsformen. Es gibt vielerlei Universen und unzählige Realitäten.

Nicht alle Realitätsformen sind planetenbasiert. Manche haben gar keinen Bezug zu einer Planetenform und erstrecken sich einfach frei im Raum. Sie wachsen mit den Bedürfnissen ihrer Bewohner, die diese Orte erschaffen. Orte, deren Bedürfnis schwindet, lösen sich auf, während andere Teile Zuwachs erhalten. In den multidimensionalen Realitäten existieren viele Ebenen, in denen Lösungen für Konflikte in anderen Schöpfungswelten erforscht werden. Seelen lernen hier und inkarnieren dann mit ihrem erworbenen Wissen als Helfer und Impulsgeber in die Welten hinein.«

Ich staunte immer noch über ihre Ausführungen und verstand sehr viel in dieser sternenklaren Nacht.

Mein Bewusstsein hatte sich erneut erweitert. Ich bedankte mich bei meiner Mutter für diese wundervollen Einblicke. Sie war auf dieser Ebene ihres Seins eine großartige Heilerin und in ihrem jetzigen Leben, als meine Mutter, wusste sie nichts von alledem. Sie lebte ihre irdischen Begrenzungen und das Verharren in einer Rolle. Doch ihre weise Güte strahlte schon immer aus ihren Augen, sie konnte ihre wahre Größe nicht ganz verbergen, ganz gleich wie sehr sie sich dem Vergessen auch freiwillig verschrieben hatte.

So lernte ich auf dieser Reise auch jene Menschen noch mehr zu wertschätzen, die vermeintlich unwissend erschienen. Wirkten wir nicht alle zusammen?

Ein jeder auf seine Weise!

Jeder sammelte durch seine Erfahrungen ganz bestimmte Teile ein und alles setzte sich zu einer großen umfassenden Weisheit der gesamten Seelengemeinschaft zusammen.

Ganz gleich ob die Wesen ihren Weg auf der »lichten« quellverbundenen oder der »dunklen« quellabgewandten Seite des Seins beschritten, eine jegliche Erfahrung schenkte wichtige Weisheit für uns alle.

Das göttliche Quellbewusstsein war allumfassend. Ein jedes seiner Teile war ein schöpferisches, eigenständiges Wesen. Die Quelle erkannte sich selbst durch uns und wir schwangen in ihr, in sich immer weiter ausdehnenden Spiralbewegungen der Erfahrung. Ein einzigartiger, schöpferischer Tanz und jeder einzelne Moment war heilig, denn er gebar einzigartige Erfahrung, Weisheit und weitere Schöpfung.

Ich spürte, wie sich die Erkenntnisse in jede Faser meines Seins legten.

Es existierte eine Schönheit des vollkommenen Zusammenwirkens aller Wesen in einem göttlichen Plan. Es war kein Plan, wie wir ihn irdisch verstehen würden, es waren vielmehr unendliche Möglichkeiten, die jedem Wesen erlaubten, sich selbst und die Quelle zu erfahren. Dieser Plan diente der reinen Erfüllung.

»Meine geliebte Tochter«, sprach meine Mutter weiter zu mir. »Alles, was im Multiversum der Realitäten geschieht, dient stets dem Ausdruck, der Erfahrung und der Weiterentwicklung unserer Seele. Es gibt keine bestimmten Aufgaben, keine Ausdrucksform ist höher oder niedrigwertiger als eine andere. Jede Seele kann selbst Aufgaben für ihre Entwicklung erwählen.

Bereits ein einziger Atemzug kann wichtiges Wachstum für deine Seele bedeuten. Bitte versteh das und erlaube dir, frei zu sein von allen menschlichen Vorstellungen eines Lebenssinns, denn sie erzeugen Enge, Druck, Angst und verdecken deine Erleuchtung.«

Ich versank in dem gütigen Ausdruck ihrer Augen, die das ganze Universum zu umfassen schienen. Voller Dankbarkeit ließ ich ihre Hände wieder los und kehrte in mein irdisches Bewusstsein zurück. Ich blickte noch stundenlang fasziniert in den Sternenhimmel, während mein Herz erfüllt war. Es war eine ganz besondere Nacht, in der ich meine Mutter auf eine ganz neue Weise kennenlernte.

Deshalb waren wir hier, dies war der Sinn unseres Lebens. Und es war kein Sinn, sondern reinste Erfüllung, durch das Ausleben aller Möglichkeiten.

Versöhnung mit der Vergangenheit

Wenn ich auf meine vergangenen Tage und Erlebnisse zurückschaute, so fühlte es sich wie ein vollkommen neues Leben für mich an. Alles, was ich mit Jeshua, unseren Begleitern und Schülern erlebt hatte, erschien so weit entfernt und war dennoch ein Teil von mir. Wenn ich noch weiter zurückblickte, erschien es mir nahezu unwirklich. Ich betrachtete mich als junges Mädchen und als junge Frau. Wie wenig ich die Dinge zu dieser Zeit doch einzuschätzen wusste, wie ahnungslos und naiv ich doch war. Ich fühlte mich unvollständig zu jener Zeit und doch schenkte sie mir ganz besondere Gefühle und Erlebnisse. Durch sie konnte ich die Welt wieder betrachten, als wäre ich noch nie hier gewesen.

Hätte ich damals meine heutige Reife gehabt, ich hätte vieles anders gemacht. Doch war nicht alles genauso in Ordnung, wie es geschehen war? Jeder einzelne Tag, jede Frage und jede Entscheidung waren wichtig und hatten mich zu dem Punkt gebracht, an dem ich jetzt stand. Welche inneren Schmerzen und Ängste hatte ich ertragen, wie dunkel erschienen mir manchmal die Tage und wie hoffnungslos mein Leben. Wie gut, dass es nun anders war. Wie lang war mein Weg dorthin gewesen. Über vieles, was mir damals besonders furchterregend erschien, konnte ich inzwischen lachen. Wie schwer hatte ich mich doch mit einigen Schritten getan.

Ich spürte eine große Liebe zu der jungen Frau von damals. Wie wichtig sie war, wie wunderschön und unbedarft. Was hatte ich mir damals alles vom Leben erhofft. Ich nahm die junge Frau in meine Arme. Welch ein besonderer Teil von mir. Tiefe Liebe durchflutete mein Sein und ich nahm sie ganz in mir auf. Ich vergab mir zutiefst für alles Erlebte und alle Entscheidungen. Ich vergab mir für alles, was mir wiederfahren war, ganz gleich ob ich es als freudig oder schmerzvoll erachtete. All das war ich. Gerade die schlimmsten Tage hatten mir gedient, neue Qualitäten an die Oberfläche zu bringen. Aus meiner Verzweiflung war Stärke erwachsen, aus meiner Ratlosigkeit eine stärkere Entscheidungskraft. In Wahrheit gab es nichts zu vergeben, denn ich hatte einfach gelebt und nahm alles nun so an, wie es war. Die Vergebung war Akzeptanz, sie war ein liebevoller Segen und Dank für alles, was geschehen war.

Ich hatte mich weiterentwickelt, und mir wurde nun klar, dass meine Erlebnisse als junge Frau dazu beigetragen hatten. Sie hatten meine Zukunft mitgeformt. Es lag an mir selbst, über mein Leben und mein Glück zu entscheiden.

Nachdem mein Vater mein Vertrauen verletzt hatte, zerbrach meine Welt zunächst in viele Scherben. Als ich fort ging, trug ich so viel Enttäuschung in mir, ich fühlte mich zutiefst verraten und vermisste meine Mutter schmerzlich. Gefangen in meiner Enttäuschung und meinem zerbrochenen Vertrauen zog ich weitere Enttäuschungen in meinem Leben an. Ich erschuf mir selbst eine harte Realität, durch meine unverheilten Wunden. Die tiefste Wunde meines mangelnden Selbstwertes trat hervor und bahnte sich ihren Weg an die Oberfläche. Erst an dem kleinen Fluss, an dem ich Jeshua begegnete, fand ich einige der zerbrochenen Teile meines

Selbst wieder. Ich hatte enttäuschende und verletzende Erfahrungen erlebt. Und dennoch waren die Wunden inzwischen verheilt. Wieviel hatte ich daraus erkannt und verändert – was für ein erstaunlicher Weg! Und hier war ich nun und versöhnte mich mit der Persönlichkeit, die Maria Magdalena genannt wurde, sie war ein Teil von mir.

Inzwischen hatte mein Bewusstsein bereits viele erhellende Erkenntnisse geschaut. Ich hatte so viele meiner Qualitäten wiedererkannt und mir wurde klar, wie weit ich damals noch von meinem wahren Selbst getrennt war. Nun ging meine Persönlichkeit der Maria Magdalena, mit all ihren Erfahrungen, in meiner Liebe auf. Sie würde immer ein Teil von mir sein. Ihre unschuldige Reinheit und Unbedarftheit, ebenso wie ihre rebellische Kraft, würden mir ewig erhalten bleiben, als lebendige Qualitäten meines Seins. Und so war es gut.

Reste von Bitterkeit und Enttäuschung verschwanden und ich ließ die Vergangenheit aus meinem Fokus los. Schuld- und Schamgefühle lösten sich auf und alle Anker, die meine Gefühle und Gedanken noch in der Vergangenheit hielten, lichteten sich. Ich versöhnte mich innerlich mit den Menschen, die mich verletzt hatten, sie wollten mich nur an meine ursprüngliche Kraft erinnern und forderten mich eindringlich auf, sie anzunehmen. Tränen der Erleichterung flossen über meine Wangen. Ich war genau hier, genau jetzt. Ich könnte alles sein und alles war in mir. Für jetzt genoss ich die Erfahrung, die ich für diesen Moment gewählt hatte und bald würde die Zeit für weitere Erfahrungen kommen.

6

Wegweisungen

»Wahre Fülle häuft keine leeren, materiellen Güter an. Sie ist ein Bewusstseinszustand der selbstverständlichen, liebevollen Versorgung aus der Quelle, der keine Bedürfnisse offen lässt.«

Sarah – Wegweisungen in eine neue Zeit

Meine Liebe zu Jeshua wurde durch unsere gemeinsame Tochter Sarah gesegnet, unser Licht. Unsere Seelen hatten sich sorgsam verabredet. Sie nutzte die Welle der Liebe, die Jeshua und ich bereitet hatten, und konnte dadurch einige ihrer Seelenqualitäten einbringen, die sonst in der großen

Dichte des Massenbewusstseins zunächst außerhalb von ihr verblieben wären.

Während Jeshua und ich inkarniert waren, um Herzensöffnungen und neue Lebenswege zu inspirieren, war Sarah mit einer Entwicklung der Menschheit verbunden, die erst in der weiteren Zukunft geschehen sollte. Sie bettete bereits erste Wissenszugänge auf der Erde ein und unterrichtete in ihrem langen Leben sehr viele Schüler und Schülerinnen, die ihr Wissen und Licht in die Zukunft tragen sollten. Erst in einer Zeit des Aufstiegs der Menschheit würde ihr Licht sich erfüllen, während es in der Zwischenzeit lange Zeit still um sie wäre.

Wir empfingen sie in größter Liebe und ihre Seele kündigte sich bereits viele Wochen vor ihrer Empfängnis an. Jeshua hatte das Bewusstsein, sich an sie zu erinnern, während sie mich erst noch vorbereitete. Sie begegnete mir in meinen Träumen oftmals als junge Frau, mit wundervollen, langen dunkelbraunen Haaren und einem jugendlich weisen Gesicht, voller Vorfreude auf ihr bald beginnendes Leben.

Wir begegneten uns auf der Traumebene und ich konnte alle Erinnerungen von dort stets mit mir nehmen. Sie ließ mich wissen, dass sie gekommen war, um zu lehren, wie ich und ihr Vater auch. Und darüber hinaus brachte sie die Frische eines neuen Pioniergeistes mit sich, der bereit war, weitere Grenzen in den Köpfen und Herzen der Menschen zu sprengen. Ihr Wissen würde den Übergang erleichtern. Sie überbrachte die Zündkraft des reinen göttlichen Quellfunkens, der in der Lage war, Bewusstsein schnell zu erhöhen und alte Grenzen zu überwinden.

In ihren Augen spiegelten sich die Sterne. Als ich sie als Baby in den Armen hielt, war mir, als könnte ich das ganze

Universum darin sehen. Ihr Bewusstsein war weit geöffnet und sollte sich erst in den kommenden Jahren etwas verschließen, um sich selbst zu beschützen. Trotz unserer Fürsorge war der Einfluss des noch fast unerwachten Bewusstseins auf der Erde sehr stark und eine zu große Öffnung hätte Verletzungen begünstigt, die nicht sein sollten. Sie benötigte diese Erfahrungen nicht, denn sie hatte sie bereits in anderen Leben erlebt und nun war es ihr bestimmt, ihre reinen Zugänge zu erhalten. Sarah, unser Stern, das Licht der Welt in unseren Armen.

In diesem Leben waren wir ihre Eltern und erfüllten diese Aufgabe, so gut wir es vermochten. In meinen Qualitäten entdeckte ich eine starke behütende Energie, die andere umsorgte und die Familie zusammenhielt. Wellen von Liebe strömen aus mir heraus und umgaben meine Kinder, solange sie sich darin aufhalten mochten. Jeshua und ich erfreuten uns an ihren ersten Schritten, wir genossen diese Zeit ganz besonders. Jeder Blick und jeder Schritt berührte unser Herz mit seiner ganz besonderen Schwingung und wir konnten sie tief in uns fühlen. Es war eine Zeit voller Leichtigkeit und Liebe für unsere Familie. Jeshua sagte damals, er hätte eine Vision unserer Familie und des zukünftigen Potenzials der Erde bereits vor langer Zeit gesehen, und sie hatte ihm viel Kraft über die ganze Zeit gegeben.

Ich spürte so viel Freude für unsere Familie, so dass wir noch eine weitere Tochter sowie einen Sohn bekamen und verschiedene Kinder aufnahmen. Drei leibliche und zwei aufgenommene Kinder waren an unserer Seite. Zwischenzeitlich begleiteten uns für wenige Monate auch noch weitere Kinder ohne Zuhause, die wir in anderen Familien unterbringen konnten, und auch sie blieben in unseren Herzen. Manche von ihnen trafen wir später noch einmal wieder und auch sie gingen ihren selbstbestimmten Weg.

Niemals hätte ich gedacht, dass sich mein Leben auf diese Weise entfalten würde. Nach und nach ließ ich alle Ängste los, bei den Kindern etwas falsch machen zu können. Jeshua lachte oft über meine Anstrengungen, doch stets liebevoll und fürsorglich. Er heiterte mich auf, wenn ich die Dinge zu ernst nahm, und half mir, meine Fixierungen immer wieder zu lösen, um ein sorgenfreies Leben führen zu können.

Je mehr Sorgen ich mir machte, desto mehr begrenzte ich mein Bewusstsein. Es zog sich dann förmlich zusammen und begann eine verengte Realität zu erschaffen, in der sich die Sorgen sofort spiegeln konnten. Mein Festhalten an negativen Gefühlen hielt mich in niedrigen Energien und verengte den Zugang zu meiner Göttlichkeit. Eines der Kinder fing dann an zu weinen oder verletzte sich beim Spielen. Sie zeigten mir geduldig, wo ich mich zu sehr verengte.

Die Angewohnheit, mich um andere zu sorgen, trug ich schon lange in mir. Ich war eine von drei Schwestern und oft angehalten, auf die beiden anderen Acht zu geben. Schon sehr früh wurde mir diese Rolle einfach zugeteilt und ich lud sehr viel Verantwortung auf meine Schultern, die eigentlich zu meinen Eltern gehörte. Es erschien mir selbstverständlich und ich bemerkte lange Zeit gar nicht, wie sehr mich diese fremde Last bedrückte.

Im Spiel mit meinen Kindern gab ich sie nun wieder frei und richtete mein Empfinden auf Leichtigkeit, Vielfalt und Beweglichkeit aus. In dieser Atmosphäre konnten die Kinder ihre Gaben am besten entfalten und ihre Stärken entdecken.

Sarah wirkte stets etwas ernsthafter, sie strahlte schon früh eine vorausschauende Weisheit aus, und gleichzeitig war sie auch von einem schützenden Schleier umgeben. Manchmal ließ sie das unnahbar erscheinen, aber sie glich es durch ihr freundliches und lebenshungriges Wesen wieder aus. Sie wusste schon früh, dass sie für eine bestimmte Aufgabe gekommen war, und manchmal tat es mir weh, dass ich ihr dabei nicht besser helfen konnte. Jeshua bereitete sie durch die entsprechenden Lehren vor. Die beiden versanken häufig in Visionen, damit Sarah ihre Gaben besser verstehen konnte.

Gemeinsam blickten sie in eine lichte Zeit, in der sich die Menschen wieder an ihre Göttlichkeit erinnern würden. Eine Zeit, in der sie ihre höheren Gaben wiederentdecken und ihre Herzen weit öffnen könnten. Eine Zeit, in der sie mit der wahren Schönheit des Lebens verschmolzen wären und seine Heiligkeit achten und ehren würden. Eine sorglose, wahrhaft Goldene Zeit. Keiner schadete einem anderen, jeder hatte seinen Raum und erschuf eine erfüllende Realität.

Was hatte sich in dieser Zukunft verändert? Sarah lehrte später, dass es vor allem die Bewertungen der Menschen waren, die sich verändert hatten. Sie hatten ihren Fokus von den übermäßigen Identifikationen gelöst, die so viel Leid erzeugen konnten und sich wieder für die Liebe und Freude am Leben geöffnet.

Ungerechte Machthaber hatten die unerlösten Themen der vielen Menschen auf der Erde gespiegelt. Im goldenen Potenzial der Zukunft hatten die Kriegstreiber ihre Waffen niedergelegt, denn sie hatten erkannt, dass der Krieg nur aus unterdrückter Wut in ihnen selbst entstanden war, durch erfahrene Missachtung und Zurückweisung. Die Menschen hatten erkannt, dass sie die äußere Realität aus ihren Gefühlen und Überzeugungen selbst erschaffen hatten. Sie ließen die Bewertungen über andere, Schuldzuweisungen und Täter-Opferhaltungen fallen. Die Zugänge zur eigenen Göttlichkeit öffneten sich wieder und die Erfüllung kam ganz von selbst hinein. Die gesamte Menschheit hatte sich auf diese Weise allmählich verändert und es gab kein Bewusstsein mehr für Gewalt, Begrenzung oder Krankheit. Die Selbstermächtigung wurde nicht mehr an äußere Machthaber abgegeben. Es war selbstverständlich, dass es allen gut ging, es konnte gar nicht mehr anders sein.

Es war das Bewusstsein des göttlichen Ursprungs, weitergewachsen in der Nahrung sämtlicher Erfahrungen der Menschheit.

Doch der Weg dorthin war aus unserer Perspektive noch weit. So sehr waren die Menschen von einer harten, ständig verletzenden Realität überzeugt. Ich hatte selbst erlebt, wie stark sich meine negativen Einstellungen auf der Erde spiegeln konnten und wie sehr ich mich dadurch selbst in meinem Erleben begrenzte.

Jeshua weilte in einem ganz anderen, sehr erfüllten Erleben und das in einer allgemein noch recht gedämpften Zeit des Bewusstseins. Es war also möglich, selbst in dieser Zeit.

Jeder Mensch konnte sich zu jeder Zeit inmitten der inneren Stürme der anderen Menschen seine eigene erfüllte Realität erschaffen.

Sarahs Qualitäten würden den Menschen helfen, sich wieder mit der Kraft ihrer Selbstverwirklichung zu verbinden und gleichzeitig die männliche und weibliche Kraft auszugleichen. Sie lehrte, Macht als das zu erkennen, was sie wirklich war: reine Schöpferkraft. Sie lehrte, diese Kraft durch das Zulassen der eigenen Göttlichkeit weise zu gebrauchen und sie für kreative, aufbauende Schöpfungen zu nutzen.

In unserer Zeit wurde Macht als manipulierte, aktive Kraft fast nur im Kampf gegen andere Menschen und für das eigene Überleben missbraucht. Der innere Zustand der Fülle, das Wissen, dass genügend Versorgung für alle da war und jeder es für sich selbst erschaffen konnte, war lange verschwunden. Die Realität beruhte auf dem Prinzip, gewaltvolle Macht über andere auszuüben, um ihnen das wegzunehmen, was man selbst anscheinend benötigte.

Das war kein weiser Einsatz, sondern ein absurder Missbrauch. Durch die Dominanz des aktiven männlichen Prinzips fehlte ihr der weibliche Ausgleich des Annehmens und Zulassens. Macht wurde falsch verstanden und als rohe Gewalt gegen andere eingesetzt. Die Menschen versuchten ihre Versorgung in einem Bewusstsein des Mangels mit angestrengter Kraft, mit jeglichen Mitteln und ohne Rücksicht zu erkämpfen. Viele hatten es noch nicht besser verstanden. Doch innere Überzeugung von Mangel konnte keine Fülle erschaffen. Nur der Kontakt zu den tiefsten Empfindungen, sich wahrhaft sicher, versorgt und geliebt zu fühlen, konnte wahre Fülle in die erlebte Realität bringen.

Wahre Fülle häufte keine leeren, materiellen Güter an. Sie war ein Bewusstseinszustand der selbstverständlichen, liebevollen Versorgung aus der Quelle, der keine Bedürfnisse offen ließ.

Jegliche Realität schuf sich aus dem eigenen Selbst. Viel zu vielen Menschen fehlte noch die Erfahrung, reine Fülle ohne negative Gefühlsbarrieren frei fließen zu lassen. Sie durften lernen, ihre negativen Resonanzen zu klären und wahrlich darauf zu vertrauen, dass ihr göttliches Selbst sie stets versorgte.

Sarah würde später lehren, die Fixierung auf den Besitz zu lockern und das eigene schöpferische Bewusstsein zu erkennen. Sie würde helfen, die festgefahrenen Machtstrukturen aufzubrechen und die Ängste aufzufangen, die dann zu Tage träten. Hätten die Menschen den alten Klammergriff an gewaltsame Macht losgelassen, so wüssten sie zunächst nicht, womit sie sich nun identifizieren sollten. Der Fokus durfte sich erst wieder auf das eigene Sein besinnen und musste in sich selbst Halt und Zentrierung erfahren, erst dann konnte eine neue Realität aus einem höheren Bewusstsein heraus erschaffen werden.

Wenn sich der Mensch über seine Innenwendung als Teil der Quelle erkannte, konnte er seine schöpferische Kraft neu zum Wohle des Gesamten ausrichten. Auch ich veränderte meine Ausrichtung. Ich konzentrierte mich vorwiegend auf leichte spielerische Gedanken und Gefühle. Ich begann den Tag mit dem Gefühl, dass stets genügend Versorgung für alle da war und dass die Tage von Liebe, Freude und Gemeinschaft erfüllt waren. Wann immer Ängste und Bedenken aufkamen, ließ ich sie in meiner Liebe aufweichen und spürte, wie sie sich in gute Gefühle wandelten. Ich lenkte meine Gefühle wieder in eine freudvolle Richtung und spürte, wie ich in eine neue, frische Kraft kam. Ich brachte mich in Fluss und erlebte eine wunder*volle* Realität!

Die Essenz meines Weges

Warum war ich eigentlich längst noch nicht derart verwirklicht wie Jeshua? Lange Zeit schämte ich mich fast, ihm diese Frage zu stellen. Obwohl er sie in mir erkannte, sagte er lange Zeit nichts dazu, denn es war wichtig, dass ich sie aus meinem Wunsch herausstellte.

Als ich eines Abends zu ihm kam, unsere Kinder schliefen bereits, empfing er mich mit einem wissenden Lächeln, so unbeschreiblich gewinnend, dass es mich sofort mit Vertrauen erfüllte. Die Reife so vieler Leben strahlte aus ihm.

Eine unglaubliche Sicherheit durchdrang ihn und er strahlte eine kraftvolle, klare Selbstverständlichkeit aus, mit der er sein Leben in jedem Moment zu seiner höchsten Freude wieder neu erschuf.

»Du bist noch nicht so weit, mein Liebes, mein Herzensstern«, beantwortete er leise meine Frage. »Ich weiß, dass du dir viel Zeit für dein Erwachen auf hohen Ebenen deines Seins nehmen wolltest. Ich erinnere mich genau an unsere Gespräche, bevor wir beide in dieses Leben kamen. Du hast mir eindringlich versichert, dass du dir die Zeit nehmen wolltest. Du wolltest die feinsten menschlichen Regungen noch einmal ganz bewusst erleben. Du hattest dir gewünscht, eine Familie aus einem menschlichen Blickwinkel heraus zu erfahren, weil du sie in dieser Form noch nicht erlebt hattest. In vielen deiner Leben stand die Priesterschaft, der beratende und heilende Dienst für andere, im Vordergrund. Du warst den Menschen wie auch der Welt der Tiere sehr nahe. Beide hast du gelehrt und unterrichtet.

Dann gab es Leben mit sehr schwierigen Erfahrungen für dich, denn du wolltest selbst erleben, wie sich schöpferische Kraft nicht nur auf eine göttlich erfüllte Weise ausdrücken könnte. Du bist in große Dunkelheit eingetaucht. Sie erlaubte dir, eine tiefe, menschliche Gefühlswelt zu entwickeln und schöpferische Zusammenhänge viel klarer zu verstehen.

Ich sehe den Moment, als wir uns dort gegenüberstanden und tief in die Augen blickten. Ich wusste, ich würde dich überall an deinem besonderen Leuchten in deinen Augen wiedererkennen, genauso so wie du jetzt unsere Tochter daran erkennst. Ich wusste, dass ich deine Wahl stets achten und trotzdem bei dir wäre. Und selbst in deiner Begrenzung würdest du dir selbst und anderen so viel Liebe und ganz besondere Erfahrungen schenken können, dass es gar keine Notwendigkeit für eine frühere Verwirklichung geben würde.«

Seine Worte berührten mein Herz. Ich hatte wirklich keinerlei Erinnerung an unsere Vereinbarung. Wie sehr man sich doch davon trennen konnte. Ich bekam eine Ahnung, dass dieses Erlebnis auf irgendeiner Ebene existierte, doch ich hatte keine Erinnerung. Es war, als läge sie in einem fest verschlossenen Gefäß, und Jeshuas Erzählung konnte ich entnehmen, dass ich sie einst selbst so gut verschlossen hatte. Ich ärgerte mich ein wenig, denn ich wollte ein weit geöffnetes Bewusstsein erleben und hatte immer noch keinerlei Vorstellung, wie es genau funktionieren sollte.

Jeshua hatte meine Gedanken vernommen und antwortete wieder. »Weißt du, mein Liebes, nur du kennst den Schlüssel, denn du selbst bist von deiner ursprünglichen Bewusstheit zurückgetreten und es gibt kein besonderes Rezept, keine feste Reihenfolge, in der du dein geistiges Gefäß wieder öffnen könntest. Du hattest sie zurückgestellt, um ganz bestimmte Einblicke auf der Erde gewinnen zu können. Du hast einige Zugänge bereits wieder geöffnet, doch du erwartest einen großen Schritt statt auch die kleiner erscheinenden anzuerkennen. Du wirst eines Tages an einen Punkt gelangen, an dem du offen genug bist, um dich einfach wieder für deine Erleuchtung zu entscheiden. Du wirst einen Punkt erreichen, an dem du intuitiv spürst, dass du alle Erfahrungen gemacht hast, die du in einem begrenzteren Bewusstsein erleben wolltest. Du kannst dich üben und dein Bewusstsein weiter öffnen, bis du an diesen Punkt gelangst. Dafür dienen dir die Lehren und der Austausch. Deine Erkenntnisse, unsere Reisen, deine Heilungen und Meditationen, alle deine Erlebnisse in der Welt und alle Begegnungen – sie alle sind wichtige Teile deiner Erfahrung.«

Jegliches Erleben, jede Begegnung dient in diesem Leben deinem Erwachen und deiner Erleuchtung, denn diesen Weg hast du für dich gewählt!

»All das wird dich zum Rande dieses Punktes bringen. Ganz dicht. Und dann wird es eines Tages einfach geschehen. Und weißt du was? In Wahrheit bist du bereits dort angekommen, denn du hast dich einst selbst von deinem umfassenden, göttlichen Bewusstsein abgetrennt, um bestimmte Erfahrungen machen zu können.«

Ich liebte es, seinen Worten zu lauschen, und seine Erzählungen lösten bei mir sanfte Wellen einer verschwommenen Erinnerung aus.

»Das Erwachen auf der Erde ist anders als in jeder anderen Realität«, fuhr Jeshua fort. »Immer wieder wird das Bewusstsein herausgefordert, ganz besondere Bedingungen zu meistern. Und so ist das Potenzial deiner Erleuchtung zwar bereits da, aber nun erfüllst du es auf der Erde mit deiner Erfahrung. Du erfährst jedes Detail deiner Schritte, die du dir selbst schenken wolltest. Du erwachst in immer höhere Bereiche deines Bewusstseins hinein.

Die Meisterschaft deines Lebens kreiert eine ganz besondere Essenz für dich. Sie ist wie ein ganz besonderer Nektar deiner Weisheit. Du wirst ihn mit der Quelle teilen und mit allen anderen Wesen, doch du selbst hast ihn erschaffen, und das ist das Besondere daran. Es sollte ein Weg der Freude für dich sein. Ein Geschenk der Liebe an dich selbst.

Du bist bereits aus den Illusionen erwacht, die dich an die Drama- und Verwicklungsspiele auf der Erde gebunden hatten. Du wirst über deine Erlebnisse schrittweise geführt, doch den Schritt deiner Erlaubnis wirst du irgendwann alleine gehen. Du wirst fühlen, wenn er sich nähert, denn du wirst beginnen, diesen süßen Nektar in dir zu spüren, der erschaffen wurde. Er ist ein Ausdruck des tiefsten Mitgefühls, wenn sich das Herz des Menschen mit der Weisheit der Meisterin, die du bist, verbindet.«

Es dauerte ein wenig, bis ich seine Worte begreifen konnte. Was er sagte, fühlte sich so wahr und doch so unendlich weit entfernt an, wie eine schöne Geschichte, irgendwo im Reich der Träume. Wir weilten wortlos beieinander und ich ließ diese Eindrücke einfach weiter auf mich wirken.

7

Jeshua

»Es gibt keine Grenzen, keine Vorgaben für Erfahrungen, nur unendliche Möglichkeiten. Es gibt keine Fehler und keine vergeblichen Erfahrungen.«

Jeshuas Erwachen

»Ich möchte dir nun von meinem Erwachen auf der Erde erzählen«, sprach Jeshua ein paar Tage später zu mir.

»Ich erlebte einen bedeutenden Aufstieg meines Bewusstseins in einem meiner vergangenen Leben, ebenso wie ich auch in anderen Leben viele Erweiterungen erfuhr. In meinem jetzigen Leben entschied ich mich, noch einmal von einer

Mutter geboren zu werden. Durch die erneute Inkarnation konnte ich zeigen, dass der Geist den Körper und die Realität lenkt und die Zustände meistern kann.

Kein Leid der Welt und kein körperlicher Tod konnten das ewige Leben zerstören. Es würde den irdischen Körper zerstören können, doch die Seele könnte ihn in jedem Moment aus unzähligen Lichtpartikeln, die ihrem Herzenswunsch nach Ausdruck entsprachen, wieder neu erschaffen.

In jenem Leben, von dem ich dir hier erzählen möchte, bereitete ich mich vor. Auch ich hatte bereits viele Leben auf der Erde unter den verschiedensten Völkern verbracht. Ich hatte Ritualen beigewohnt und viel über die Lenkung von Energien gelernt. Ich hatte mich mit den Riten der Gemeinschaften beschäftigt, das Familien- und Gemeinschaftsleben regelrecht studiert, mich sehr viel unter Menschen bewegt und auch mit der Tierwelt beschäftigt. Ich hatte alle gewünschten Erfahrungen gesammelt. Mein Bewusstsein auf der Erde war in allen diesen Leben stetig gewachsen und hatte mir bereits viele erhellende Erkenntnisse geschenkt. Als die Zeit meines Erwachens in jenem Leben in Südamerika kam, bemerkte ich, dass ich mich zurückziehen wollte. So sehr ich die Gemeinschaft auch liebte, hatte sie dennoch einen zu großen Einfluss auf mich und hielt mich davon ab, mein eigenes Sein vollkommen anzunehmen. Ich identifizierte mich viel zu sehr mit den Belangen anderer Menschen. Nach allen Erfahrungen in Gemeinschaften wollte ich mir nun eine Zeit ganz für mich selbst schenken.

Die Menschen, die mich damals umgaben, verharrten in dem Bewusstsein, dass sie nur innerhalb einer Gruppe überleben könnten. Sie lebten Abhängigkeiten voneinander und kein

Einzelner hatte bereits genügend Kraft entwickelt, auch für sich selbst zurecht zu kommen. Also löste ich mich schweren Herzens aus meiner damaligen Gruppe und zog mich in ein einsames Gebirge zurück. Ich blickte von dort auf weite steppenartige Flächen und durchstreifte auch bewaldete Gebiete. Viele lange Monate fragte ich mich, was ich hier eigentlich getan hatte. Ein Zurück gab es nicht, denn ich hatte allen deutlich gemacht, dass ich nicht mehr zurückkehren würde.

Mein Abschied hatte meine dortige Lebenspartnerin sehr verletzt. Nach einiger Zeit in den Bergen erkannte ich, dass unsere Beziehung nicht für eine lange Zeit verabredet gewesen war. Ich gab ihr das Geschenk, dass auch sie in ihre Selbständigkeit wachsen konnte. Sie sollte später einen anderen Gefährten finden, der besser zu ihr passte. Doch trotz alledem erschuf meine Entscheidung zunächst eine Zeit großen Kummers für sie. Sie zweifelte an sich und fühlte sich verraten. Auch die anderen taten sich sehr schwer damit, meinen Fortgang zu akzeptieren. Doch ich wusste einfach, dass es an der Zeit war.

Über viele Monate hinweg kamen die tiefen Dämonen meiner Ängste hervor. Ich erkannte an diesem Punkt, dass viele von ihnen gar nicht mir gehörten, und unter den dunklen Schleiern fand ich das Licht meiner wahren Lebensfreude wieder. Ich spürte meinen eigenen Wesenskern, frei von übernommenen Sichtweisen und Gefühlen anderer Menschen.

Es dauerte sehr lange, bis sich alle Wolken verzogen hatten. Ich bemerkte, dass meine dunkelsten Gefühle aus den Erwartungen anderer Menschen an mich bestanden, denn ich versuchte sie alle zu erfüllen. »Warum nur?«, fragte ich mich eines Tages. Die Antwort war einfach. Ich sehnte mich nach der Liebe der anderen Menschen, denn ich hatte sie in mir selbst noch nicht gefunden. Ich war noch nicht fähig, mich selbst mit Liebe zu versorgen, viel zu oft hatte ich meine Aufmerksamkeit an andere Menschen abgegeben, und als ich dies erkannte, veränderte sich vieles. Die Erwartungen der anderen fielen von mir ab, ich ließ sie los. Ich hatte unbewusst so viele fremde Überzeugungen angenommen und viele fremde Gedanken gedacht. Nun flossen sie ab, die Wolken wurden heller und verzogen sich.

Ich lebte inmitten der Natur und mit ihr. Tiere suchten den Kontakt zu mir und ich war zunächst nur auf mein Überleben ausgerichtet. Ich suchte nach Wasser und Nahrung, das nahm den größten Teil meines Tages in Anspruch. Den Rest meiner Zeit ruhte ich einfach in mir und kam mir dabei schrittweise näher. Als sich die ersten Wolken verzogen hatten, spürte ich plötzlich einengende Gefühle, als ob ich in unsichtbaren Ketten stecken würde. Sie schienen verhindern zu wollen, dass sich mein Bewusstsein weiten konnte. Ich verbrachte mehr als zehn Jahre in der Abgeschiedenheit des Gebirges, bis ich schließlich Erleuchtung erfuhr.

Ich fragte mich oft, warum ich meine Lieben verlassen hatte. Hatte ich mich wirklich richtig entschieden? Ich spürte aber auch, dass die Entscheidung auf einer anderen Ebene meines Bewusstseins längst getroffen und es an der Zeit war, ihr zu folgen. Ich ging nicht mit der Absicht fort, andere zu verletzen, sondern in der Sehnsucht, mich selbst zu finden. Ich wusste, dass es richtig war, und doch kam eine lange Phase, in der ich meine Entscheidung fast bereute. Ich zweifelte sie an und erlebte aus diesen Zweifeln heraus einen schlimmen Schmerz. Ohne die Zweifel wäre der Schmerz gar nicht erst entstanden, aber das war mir dort noch nicht bewusst. Ich haderte sehr mit mir und sehnte mich nach der Nähe zu den anderen Menschen zurück. Ich verlor sehr viel Gewicht und war nur noch ein Schatten meiner selbst, so sehr verzehrte ich mich. Eines Tages bemerkte ich, dass ich mich damit selbst zerstörte.

Eines Morgens, beim Trinken an einer Quelle, blickte mir plötzlich ein kleiner Vogel in die Augen und berührte dadurch irgendetwas in mir. Ich spürte seine Unbeschwertheit und etwas in mir erkannte, wie sehr meine unglückliche Ausrichtung mich selbst und meinen Körper schädigte. Heute weiß ich, dass du der Vogel warst, der mich damals daran erinnerte, dass ich für einen anderen Zweck in jenes Leben gekommen war. Ich hatte es mir nicht geschenkt, um noch einmal Familie und Gemeinschaft zu leben, sondern um mich in all dem endlich selbst zu finden und aus allem bereits Bekannten und Gewohnten zu erwachen. Ich hatte die meisten mir wichtigen Erfahrungen auf der Erde bereits gemacht.

Der größte Wunsch, der seinerzeit noch übrig blieb, war es, dir wieder als Mensch zu begegnen, und diesen Wunsch erfüllen wir uns im jetzigen Leben.

Als er erfüllt wurde, erlangte ich meine göttliche Verwirklichung in diesem Leben zurück. Verstehst du? Wir können uns immer wieder begrenzen, wenn wir uns bestimmte Erfahrungen noch wünschen. Wir können jederzeit in eine Welt zurückkehren und sie neu erleben. Unser göttliches Selbst, unsere Quelle, schenkt uns alle Freiheit.

Wir lenken und entscheiden selbst.

Und so erkannte ich damals, an diesem Wasserquell in den Augen des Vogels, dass es an der Zeit war, etwas für mich zu verändern. Ich versuchte mich an der Schönheit der Natur zu erfreuen und erreichte nach vielen mühevollen Monaten endlich wieder einen besseren Zustand. Mein Körper kam wieder in seine Kraft und ich fühlte mich wieder gestärkt.

Nun war es an der Zeit, mich von den unsichtbaren Ketten zu befreien.

Ich ließ die begrenzenden Gefühle zu und fühlte sie einfach. Irgendwann tauchten Bilder alter Verabredungen in mir auf. Wie viele Verabredungen mit anderen Menschen und Völkern hatte ich doch getroffen, um auf der Erde ankommen zu können. Diese alten Bindungen spürte ich nun. Ich bedankte mich bei allen Menschen, Volksstämmen und Familien, deren Teil ich sein durfte. Ich dankte ihnen für das Teilen ihrer Weisheit und in den Visionen begegneten mir auch weise Priester, die mich einst unterrichtet hatten. Ich erinnerte mich an einen besonders weisen und liebevollen Lehrer, der El Morya genannt wurde. Er war in manchen Leben wie ein Vater für mich und lehrte mich, die Seelenkraft mit meiner männlichen und weiblichen inneren Kraft zu verbinden und im Einklang mit den höheren Kräften zu leben. Er unterrichtete mich über die Lenkung von Energien und darüber, dass sie dem Bewusstsein einfach nur dienen wollten. Energien wären stets in unendlicher Fülle vorhanden, sie würden meiner reinen Absicht folgen und alles erschaffen, was ich im Leben wahrhaftig benötigen würde. Sie dienten nicht der Anhäufung überflüssigen Reichtums, sondern würden mich in allen Lebensbereichen mit dem versorgen, was mich glücklich machte. Es war ein Bewusstseinszustand, in dem ich an nichts festhielt. Dankbarkeit erfüllte mein Herz und ich erfuhr, wie erlösend das wirkte.

War ein Zustand von Dankbarkeit erreicht,
integrierte das eine Erfahrung und vollendete sie.

Die Dankbarkeit hielt Monate an. Ich war allein mit mir und so gab es keinerlei Ablenkung oder fremden Einfluss, der mich wieder aus ihr herausbringen konnte. Sie entfaltete ihre großartige Wirkung und ich hatte das Gefühl, als wäre jede Zelle meines Körpers vollständig von ihr erfüllt. Die Dankbarkeit erfüllte mein Gemüt so sehr, dass ich das Gefühl hatte, ich würde vollkommen in Glück und Erfüllung schweben. Es steigerte sich zu einer Intensität, wie ich sie kaum begreifen konnte. Sie trug mich auf ihren hohen Schwingungen bis zur Glückseligkeit. Ich begriff, dass ich, um erhöhte Gefühle und Bewusstseinszustände überhaupt erleben zu können, zunächst wirklich auf der Erde und in mir selbst ankommen und mich in eine Balance bringen durfte.

So vergingen einige Monate puren Glücks, bis Erinnerungen aus vergangenen Leben in mir aufzusteigen begannen. Ich erlebte mich zunächst über meine Träume in verschiedenen Szenen, die nicht aus meinem jetzigen Leben stammten. Ich begriff plötzlich, dass es Ausschnitte aus anderen Leben waren, und die nächsten fünf Jahre verbrachte ich damit, sie an die Oberfläche meines Bewusstseins kommen zu lassen. Ich betrachtete mich in verschiedensten Leben und Ausdrucksformen. Ich sah Leben bei Naturvölkern verschiedener Kulturen, in Ägypten, im Amazonasgebiet, im heutigen Europa und anderen Ländern. Ich war Teil verschiedener Priesterschaften und Familien, und nachdem sie mir bewusst geworden waren, erhielt ich Einblicke in Leben weit jenseits der Erde, in verschiedene Lichtwelten und andere Realitäten. Ich betrachtete mein multidimensionales Sein.

Ich lernte viel über meine vergangenen Entscheidungen und mit ihnen in Frieden zu kommen. Ich erkannte, dass ich sämtliche Verbindungen und Verwicklungen, die sich aus den Leben ergaben, durch meine Entscheidungen selbst erzeugt hatte. Dies war eine sehr anstrengende, wenn auch lohnenswerte Phase meines Weges. Bei jedem Schub von Erkenntnis und Loslassen fühlte mich wieder wie neu geboren. Es war eine sehr intensive Zeit, in der ich meine Erlebnisse auf der Erde als Geschichten meines Bewusstseins erkannte und sie losließ. Ich war dem Menschen in mir so nahe ... Es war wirklich eine anstrengende und zutiefst heilige sowie heilsame Zeit. Die Momente, in denen sich die menschlichen Wunden schlossen, schenkten mir Zufriedenheit und Erfüllung. Damit schloss ich auch diese Phase ab und ging in einen neuen Abschnitt über.

Eines Nachts spürte ich, wie meine DNA tief in meinen Körperstrukturen zu schwingen begann. Ich konnte die Liebe meiner Eltern und meiner Familie plötzlich darin wahrnehmen. Ich hörte die Stimmen anderer Menschen, die mich mit ihrer Weisheit berührt hatten und die mich wirklich liebten. Meine DNA sang förmlich die Herzensverbundenheit mit anderen Menschen heraus. Es war wie eine besondere Melodie des menschlichen Seins, die ich auf der Erde erfahren hatte. Es löste Glücksgefühle in mir aus und zum ersten Mal fühlte ich mich wirklich von den Menschen geliebt.

Ich hatte immer das Gefühl, ich würde die Menschen lieben, aber selbst fühlte ich mich auf der Erde tatsächlich nie wirklich geliebt, das wurde mir jetzt eingehend bewusst. Und so entdeckte ich das großartigste Gefühl von allen in mir, die Liebe, die ich nun erstmals auch für mich selbst als Mensch spüren konnte. Ich *war* diese Liebe und so liebte ich mich nun ganz selbstverständlich und alle anderen Wesen, denn etwas anderes war gar nicht mehr möglich. Ich schaute die Wahrheit einer Liebe, die alles verbindet. Die Wellen dieser Liebe wandelten so vieles in mir. Ich fühle mich mit ALLEM verbunden und mein Köper regenerierte sich deutlich. Es war wie ein Jungbrunnen. Ich genoss nun mein Leben hier oben auf dem Berg. Ich vermisste nichts und niemanden mehr. Ich bekam immer mehr das Gefühl, dass ich wieder unter Menschen gehen könnte, aber ich war noch nicht bereit. Ich fühlte, wie mein bewusster Einfluss auf meine Lebensschöpfung immer größer wurde, und ich hatte mir noch weitere Jahre auf diesem Berg geschenkt.

Alles an dieser Umgebung erschien mir nun wie mein bester Freund, alles erfüllte mich mit liebevollen Gefühlen. Ich fühlte mich von der ganzen Welt geliebt und ich liebte auch die ganze Welt. Ich spürte Bedenken, wieder unter Menschen zu gehen, denn ich hatte noch Angst, dass fremde Einflüsse meine wundervollen Gefühle stören könnten. Ich wollte für immer in ihnen bleiben, dies war meine tiefste Entscheidung.

Eines Tages kam ein Wanderer vorbei und es war mein erster Kontakt zu einem Menschen nach sieben Jahren. Ich konnte seinen Anblick zunächst gar nicht begreifen. So lange Zeit war mir hier niemand begegnet, dass es eigentlich gar nicht möglich sein konnte. Der Wanderer lächelte mich an. Er blieb nur kurz und fast wortlos bei mir. Wir aßen gemeinsam zu Abend, weil ich ihn eingeladen hatte, und er wunderte sich nicht über meine Zurückgezogenheit. Er stellte keine Fragen und hatte keinerlei Ansprüche. Es war eine seltsame Begegnung und nach einer Nacht verschwand er am nächsten Morgen einfach wieder, während ich noch schlief. Ich fragte mich, ob er wohl eine Einbildung gewesen war, aber diese Begegnung ließ mich erkennen, dass ich selbst entschied, wem oder was ich Raum geben würde. Ich gab dem Wanderer keinen dauerhaften Platz in meiner Realität, denn ich benötigte noch Zeit für mich. Diese Begegnung löste etwas in mir aus. Wenn ich selbst meine Realität mitbestimmen konnte, was könnte ich noch alles erleben? Ich hatte meinen Körper bereits regeneriert. Allein dies war schon unglaublich genug und es hatte sich einfach so ereignet, als eine Folge meiner bisherigen Erkenntnisse und meiner veränderten inneren Ausrichtung. Was vermochte ich noch zu verändern?

Weitere Jahre lagen vor mir, in denen ich viel Neues entdecken durfte. In einem weiteren Abschnitt meines Aufenthaltes in dem Gebirge begann sich meine Zeitwahrnehmung stark zu verändern. Ich hatte mich hier an den Rhythmen der Natur orientiert und meine ganz eigenen Zeremonien damit entwickelt. Doch auch hier wollte sich einiges ändern.

Eines Tages befiel mich eine Art Fieber, das mich dazu zwang, ein paar Tage einfach liegen zu bleiben. Ich schlief fast die ganze Zeit und verlor immer wieder die Orientierung. Immer, wenn ich meine Augen öffnete, war es dunkel, denn ich erwachte anscheinend nur in der Nacht und fühlte mich so verwirrt, dass ich das Gefühl hatte, in einer endlosen Nacht zu verweilen. Sie dehnte sich in eine scheinbare Unendlichkeit aus. Immer wieder stiegen Ängste in mir auf. Würde ich mich in dieser ewigen Nacht verlieren können? Wer war ich? Was würde von mir übrigbleiben? Noch immer hielt ich am körperlichen Überleben fest, das wurde mir jetzt klar. Doch auch dieser Griff lockerte sich in den fiebrigen Nächten.

Irgendwann wurde es mir egal, ob ich nun leben oder sterben würde. Was für einen Unterschied würde es eigentlich machen? Die Angst vor dem Tod verschwand, und ich spürte eine Art Selbstverständlichkeit, dass es keinen Tod gab, sondern dass mein Bewusstsein einfach in der einen oder anderen Form ewig weiterexistieren würde.

Ich blickte in den dunklen Nachthimmel und nahm plötzlich geometrische Formen wahr, wie ich sie noch nie gesehen hatte. Sie schienen, als farbige Gebilde, durch den Nachthimmel hindurch. Die äußeren Erscheinungsformen, die Bäume, die Vögel, das Wasser und die Steine, schienen sich an ihnen festzuhalten. Diese Formen lagen den äußerlichen Erscheinungen anscheinend zugrunde und hielten sie, so wie Baumstämme das Dach meiner Hütte trugen.

Alles verschwamm noch weiter. Mir war, als würde ich gemeinsam mit allen Formen in meinen inneren Raum treiben, als würde sich alles in mir zentrieren. Ich erlebte mich als Beobachter, als hielte ich meinen Kopf in einen See voller Fische, um ihnen zuzusehen. Hier blickte ich in einen riesigen inneren Raum, erfüllt von den vielfältigsten Formen, und konnte sie berühren. Sie schwangen in einer ganz bestimmten Frequenz und ich konnte diese Frequenz verändern. Ich konnte sie über meine Gefühle und Absichten bewegen und neu anordnen. Wenn ich mein Bewusstsein in eine bestimmte Richtung ausdehnte, erblickte ich plötzlich eine andere Landschaft. Ein helles Meer mit einem lichten Strand, wie ich es noch nicht gesehen hatte. Tropisch bewaldete Gegenden, die mir unbekannt waren, Steppen- und Wüstenlandschaften. Ich schien nicht ganz wach zu sein, sondern war in einem tief entspannten Zustand und verspürte keinerlei Bedenken. Das gesamte Universum schien nicht nur außerhalb von mir, sondern auch in mir zu sein. In meinem normalen Tagesbewusstsein hätte ich dies hier kaum glauben können, aber so war mein Erleben in derart tiefer Entspannung gehalten, dass mich keinerlei menschliche Regung aus ihm herausbringen konnte.

Ich bewegte mich zu verschiedenen Orten, ohne mich wirklich zu bewegen. Es war vielmehr, als wäre mein Bewusstsein in der Lage, sich einfach für diese Orte zu entscheiden und dadurch zu ihnen zu gelangen. Ich konnte mich immer wieder neu ausrichten und alle Winkel erkunden. Ich ging keine Schritte, sondern streckte lediglich mein Bewusstsein in eine bestimmte Richtung aus und erlebte immer wieder andere Landschaften.

Ich bewegte mich durch Zeit und Raum ohne körperliche Bewegung. Alles ereignete sich innerhalb meines Bewusstseins. Ich reiste von Ort zu Ort, ohne zu bleiben. Ich blickte auf meinen Körper, er erschien durchsichtig, doch konnte ich meine gewohnte Form noch erkennen. Die Umrisse meines bekannten Körpers leuchteten ein wenig und er war so durchsichtig, dass überall der Himmel mit den geometrischen Formen in ihm sichtbar wurde. Er schwang in einer hohen Frequenz, es war mein Körper auf einer feinstofflichen Ebene. Als ich mich nach meinem festen Körper umsah, erkannte ich, dass seine Frequenzen ganz anders waren als diejenigen meines Energiekörpers.

Erschöpft zog es mich zu meinem Ausgangspunkt zurück. Wo war ich eigentlich? Ich war wieder in meiner gewohnten Umgebung, in meinem gewohnten Körper. Etwas irritiert schlief ich ein und das Fieber hatte seinen Zweck erfüllt.

Als ich am nächsten Morgen die Augen öffnete, schien mir ein Sonnenstrahl ins Gesicht. Ich hatte jegliches Zeitgefühl verloren und erwachte in einer veränderten Wahrnehmung.

Mein Empfinden linearer Zeit war einfach verschwunden. Ich nahm die Landschaft um mich herum wahr und wusste, dass Zeit nun keine Rolle mehr spielte.

Es spielte überhaupt keine Rolle, wie viele Tage und Nächte ich hier erlebte, einzig meine gereifte Entscheidung bestimmte, wann die Erfahrung beendet sein würde.

Ich hatte kein Empfinden mehr für vergehende Zeit, es gab auch keinen Fluss mehr von Zeit, wie ich ihn zuvor empfunden hatte. Es gab lediglich mein erlebendes Bewusstsein. In diesem war ich zentriert, ging vollkommen im Moment auf und erfasste meine Umgebung. Ich fühlte Zeitlosigkeit und Ewigkeit. Ich wusste, dass ich bereits ewig existierte, und ich würde mich immer wieder verändern können. Ich könnte mich innerhalb von Begrenzungen erleben und auch außerhalb von ihnen. Ich könnte innerhalb einer Welt erwachen und mich auch wieder schlafend stellen, indem ich alle meine Qualitäten aus mir abgrenzte und vorgab, sie alle vergessen zu haben. Ich selbst konnte es lenken und bestimmen. Ich war mit der Wahrnehmung eines ewigen Jetzt-Momentes verschmolzen.

Als Nächstes nahm ich kollektive Vereinbarungen wahr. Sie waren wie Verhaltensregeln, die man in einer Welt einging, bevor man sich in sie inkarnierte. Sie sorgten für ein aufeinander abgestimmtes Erleben bei allen Seelen, die eine Welt erfahren wollten. Ich hatte das Gefühl, dass sich viele Schleier um meinen Körper herum auflösten. Die Schichten wurden immer leichter und transparenter. Darunter offenbarten sich ganz und gar wundervolle Möglichkeiten.

Es war ein großartiges Erleben außerhalb der Zeit. Die Zeit konnte meine Gesundheit und Erscheinungsform nicht mehr auf dieselbe Weise beeinflussen, wie ich es bei vielen meiner Freunde miterlebt hatte. Sie wurden älter und manchmal auch kränker. Viele starben bei bester Gesundheit, aber einige wurden auch kränker, je länger ihre Lebensspanne dauerte. Ihre Energie schien sich regelrecht zu verbrauchen und sie konnten sie nicht nachfüllen. Sie arrangierten sich mit diesem Zustand, wenngleich jeder auf seine ganz eigene Weise damit kämpfte. Sie taten es im Stillen und teilten sich darüber nicht mit. Sie vermissten ihre lebendigen und starken Körper, das wusste ich schon damals, doch sie verbargen ihren Kummer gut. Was hatte ich jetzt für ein Glück. Ich konnte sehen, dass auch sie eines Tages diesen Zustand erreichen würden. Sie würden vielleicht noch viele Leben erleben, bevor sie es erkannten, aber eines Tages würden auch sie sich aus dem Rad dieses sich wiederholenden Erlebens lösen und sich auf die Ebene der Ewigkeit ihres Bewusstseins begeben können. War das Bewusstsein entsprechend ausgerichtet, veränderte sich das Erleben sofort.

Ich war nun bereits acht Jahre hier in der Natur und hatte höhere Ebenen meines Bewusstseins verwirklicht. Es zeigte seine Wirkung. Keine fremden Vorgaben, Gefühle oder Gedanken beeinflussten mich mehr und ich wurde wirklich frei. Ich lernte mich wahrhaftig selbst kennen, mit allen angelegten Schichten meiner Persönlichkeit. Wie war eigentlich meine Persönlichkeit? Meine Freunde sagten, ich sei ein aufgeschlossener und neugieriger Mensch. Ein Mensch, mit dem sie gerne die Gesellschaft teilten. Sie vertrauten mir und fühlten sich wohl bei mir. Ich war ein großer Menschenfreund und liebte ebenso die Tiere und Pflanzen. Die Menschen und ihre Familien fanden schon seit vielen Leben meine volle Aufmerksamkeit und ich genoss ihre Gegenwart in vollen Zügen.

Meine Eltern und Freunde hatten meine Persönlichkeit mitgeformt. Sie hatten mir Regeln des Zusammenlebens gegeben und eine begrenzte Form von Liebe und Zuwendung. Sie war oft an Bedingungen geknüpft. Als junger Mann musste ich Prüfungen des Stammes bestehen, um anerkannt zu werden. Ich musste bei der Nahrungssuche helfen, um die Zuwendung meiner Eltern zu erhalten. Mein Leben bewegte sich zwischen Lob, Belohnung und Nichtbeachtung. Ich spürte genau, wenn ich in den Augen meiner Familie etwas richtig gemacht hatte und wenn nicht. Sie formten mein Verhalten mit, sie grenzten mein eigentliches Wesen ein.

Ich war in meiner Natur vorbehaltlos und vertraute allen, bis ich die Erfahrung machte, dass andere mir etwas wegnehmen konnten, wenn ich nicht auf mich achtgab. Und so bildeten sich Schichten von verzerrten Gefühlen und Sichtweisen, die meine Lebensfreude und mein Vertrauen verschatteten. Hier in der Zurückgezogenheit hatten sich diese Schichten längst wieder aufgelöst und mein wahres Wesen kam zum Vorschein. In diesem Zustand konnte ich die wahre Liebe und Selbstliebe wiederfinden, die mich heilte. Sie war nicht nur wichtig für meine Versorgung, sie war meine reine Natur. Überall, wo ich sie erkannte, heilte und befreite ich mein wahres Sein.

Ich war weit vorangekommen und es fühlte sich richtig an. Deshalb befand ich mich hier in den Bergen. Ich hatte so vieles in großer Intensität erkannt und gefühlt und ich wusste nun, dass dies alles Geschenke waren, die ich mir selbst für dieses Leben gegeben hatte. Ich ließ sie mich hier erleben. Ich wollte sie mit niemandem teilen, diese Erfahrung hatte ich mir für später vorbehalten. Zunächst wollte ich sie für mich alleine erfahren und in vollen Zügen auskosten.

Mein wahres Sein beschenkte mich so reich. Ich büßte keine Lebenszeit auf der Erde ein, ganz im Gegenteil, mein Körper zeigte sein ideales Erscheinungsbild in der Verschmelzung meines Bewusstseins mit dem Jetzt. In keinem meiner anderen Leben war ich so gesund und strahlend, dass es fast schon überirdisch wirkte. Mein ganzer Körper vibrierte auf immer höheren Ebenen und wurde lichter. Liebe und Dankbarkeit erlösten die Schwere, mein Erkennen befreite mich aus alten Identifikationen, die mir nicht mehr dienten, und mein göttlicher Funke trug mich immer weiter in diesem Erleben voran. Ich gab mich vertrauensvoll hin. Ich erfuhr immer mehr meiner Möglichkeiten und Gaben.

Ich überblickte die Landschaft und erkannte, wie friedlich sie mir zu Füßen lag.

Die Welt an sich war tatsächlich vollkommen frei von Kämpfen und Leid. Sie fanden nur in den Menschen selbst statt, an keinem anderen Ort.

Ich nahm überall kleine Oasen der Existenz wahr. Jeder Mensch existierte hier in seinem ganz persönlichen Gefäß der Realität, in einer kleinen, selbsterschaffenen Welt. Sie erlebten, womit sie es fütterten, und alles war aus einer höheren Bewusstseinsebene fein aufeinander abgestimmt. Niemand konnte den anderen zufällig stören.

Wenn Menschen untereinander in Kontakt kamen, so war dies kein Zufall. Sie teilten ähnliche Gefühls-, Gedankeninhalte oder Absichten. Sie konnten sich treffen und ihre Realitäten für eine Weile miteinander verbinden, um gemeinsame Erlebnisse zu teilen. Sie konnten gemeinschaftliche Realitäten erzeugen oder individuelle. Sie konnten Familien gründen oder Kämpfe gegeneinander führen. Diese Welt stellte ihnen genügend Raum für ihre unterschiedlichsten Erfahrungen zur Verfügung. Alles existierte direkt nebeneinander und alles war in Ordnung, so wie es war.

Manche dieser kleinen Oasen von Realität leuchteten nur sehr schwach und diese Menschen ordneten sich einem fremden Willen unter. Sie waren nicht in ihrer schöpferischen Kraft und gestalteten ihre kleine Oase nicht mehr selbst, sondern überließen es anderen Menschen, über sie zu bestimmen. Wenig Lebensfreude war in ihren Realitäten spürbar, sie erschienen trist und grau.

Andere Realitätsoasen hingegen waren sehr farbig und flossen förmlich über vor Lebendigkeit und Freude. Diese Menschen probierten sich aus, erkundeten verschiedene Möglichkeiten und bewegten sich sogar über ihre Grenzen hinaus. Sie genossen ihr Sein und erlebten alles, was ihre Göttlichkeit sich so sehr wünschte. Sie blieben nicht in Geschichten von Leid haften, sondern fanden immer wieder in die freudige Liebe und Neugier auf das Leben zurück und hielten sich dadurch, in hohen Schwingungen, ihrer Göttlichkeit sehr nahe. Wie herrlich war es, die Welt von außerhalb der Zeit zu betrachten. Was für eine Harmonie und welches vollkommene Zusammenspiel offenbarten sich hier.

Ein Teil meines Körpers schwang noch nicht in der göttlichen Frequenz, das wurde mir auf einem der Streifzüge meiner Aufmerksamkeit durch diese kleinen Lebensoasen bewusst.

Dieser Teil von mir fühlte sich regelrecht hoffnungslos an, als ich mich ihm näher zuwandte. Gab es noch etwas, das ihn belastete? Ein altes Erleben, eine alte Identifikation? Nein, es war eher, als hätte er sein Ziel aus den Augen verloren. Er fühlte sich überflüssig. Er hatte keine Vorstellung mehr von einer Aufgabe, wie zuvor. Es war der Überlebenswille meines Körpers, es war meine ursprüngliche Kraft, die ich in die Erschaffung meines Körpers gelegt hatte. Dieser Überlebenswille war auch die erste Grundlage meines urmenschlichen Selbst. Ich hatte dieser Energie eine klare Ausrichtung und einen klaren Auftrag gegeben.

Nun durchlichtete sich mein Körper immer mehr und seine Konturen ließen die fleischliche Festigkeit allmählich los. Er wurde wieder zu dem Licht, zu der Schwingung, die er eigentlich war. Und meine urschöpferische Energie, die die festen Körperformen erhielt, verlor ihre alte Aufgabe. Ich dankte dieser Energie und meinem körperlichen Zustand. Oh, wie wohl hatte er mir gedient, welche Freuden hatte er mir bereitet! Die Nase, meine Ohren, meine Augen, Hände, welche die Erdenrealität auf ganz menschliche Weise erfassen konnten. Tiefe Liebe lag hierin.

Ich dankte meiner Urkraft und meinem Körper. Mein menschlicher Anteil und mein Körper würden auf ewig als wichtige Erfahrungen und Weisheit meines Seins bei mir bleiben. Zudem wollte ich noch einen Körper innerhalb dieser Welt behalten und doch sollte er sehr viel freier sein als zuvor. Ich wollte seine Lichtkraft wieder frei lenken können. Und so nahm ich seine Kraft zu mir. Sie lag in meiner Verantwortung. Ich war derjenige, der die neue Richtung vorgeben würde, die Energien dienten mir und würden stets meiner Absicht folgen.

Ich öffnete mein Herz ganz weit und war mit meinem Körper auf der untersten Molekularebene verbunden. Seine tiefste Frequenz sollte nun auch in meiner göttlichen Frequenz schwingen können. Manche Strukturen klebten noch regelrecht aneinander. Ich durchdrang sie mit meinem inneren Herzensklang, mit glückseligen und dankbaren Gefühlen und begann ihre Festigkeit zu lockern. Sie hielten ihre Form, weil ich es so vorgegeben hatte. Ich erkannte, dass mein wahres Wesen keine Form benötigte und dass ich Formen erschaffen konnte, wie es mir beliebte. Diese Gewissheit ließ ich hier hineinschwingen. Die Moleküle veränderten sich. Sie kamen in Kontakt mit meiner schöpferischen Freude und schwangen sich aus ihrem bisherigen Verbund frei.

Dieser Prozess dauerte einige Monate und es war kein Leichtes. Ich hatte meinen Körper einst sehr gründlich verdichtet und meine Identifikation damit war über viele Inkarnationen hinweg gewachsen. Es brauchte einige Zuwendung, um dieses nun wieder zu verändern, doch ich gab mir die Zeit, die längst keine mehr war. Ich hatte alle Zeit der Unendlichkeit, es war ein einzigartiges Erleben.

Mein Körper hatte auf seiner ursprünglichsten Ebene seinen ganz eigenen Klang. Dieser Klang hielt alles beisammen und gab ihm eine Form. Nun erklangen auch die helleren Töne meiner freien, göttlichen Frequenz wieder in ihm und lockerten die alten Strukturen. Sie hatten mir so gut gedient. Ich hatte mit lieben Menschen beisammen gesessen. Ich hatte Stammesritualen beigewohnt und durch meine Weggefährten und Lehrer so viel Neues auf der Erde entdecken dürfen. Ich schwelgte in diesen Erinnerungen, die mir so lebendig vorkamen, als würde ich sie erneut erleben. Ich sah die Güte in den

Augen der Priester und ich sah auch die dunklen Nächte anderer Leben, in denen wir versuchten, Energien nach unserem Willen zu lenken und zu manipulieren. Wir versuchten eine Zeit lang, ihnen unseren begrenzten, menschlichen Willen aufzuzwingen. Dieser Wille war jedoch keine reine Liebe, wie es der göttliche Wille war, sondern ein unerleuchtetes, menschliches Wollen. Es war hart, kontrollierend und drängend, seine begrenzten Vorstellungen erfüllen zu wollen. Wir wollten Energien lenken, ohne die Auswirkungen auf andere Wesen oder unsere Umgebung zu berücksichtigen. Der menschliche Verstand war einfach nicht in der Lage, alle Folgen daraus überblicken zu können. Wenn ich im Einklang mit meiner göttlichen Frequenz war, so war ich ganz von selbst in der reinen Liebe, und dort war keine Manipulation mehr möglich, da sich alles auf der Ebene der Einheit mit der Quelle befand. Ich konnte Energien lenken und es würde auf dieser Ebene ganz von selbst genau das Richtige geschehen.

Ich war erleichtert und bemerkte, wie sich erneut Verkrustungen aus alten Zeiten in mir lösten. Lasten wichen, die meine Schultern niemals tragen könnten. Ich sah weiterhin in die dunklen Nächte und versöhnte mich mit ihnen. Wir waren so neugierig, wir dachten, wir wüssten bereits so Vieles, und doch wussten wir gar nichts. Wir fühlten uns als große Meister der Energien und viele Nächte saßen wir im Geheimen beisammen und tauschten unser Wissen aus. Wir erschufen energetische Gebilde, die wir mit unserem menschlichen Willen aufzuladen versuchten, und tatsächlich bewegten wir so viel Energie, dass seelenlose Gebilde umhergeisterten und den Himmel verdunkelten. Auch diese Erfahrungen waren wichtig, doch führten sie in jenen Leben dazu, dass sich unsere Ausrichtung verdunkelte und zusammenzog. Ich war nach einer Weile nicht mehr in der Lage, die freie Schönheit der Schöpfung zu fühlen. Ich verlernte, geschehen zu lassen, und entfernte mich vom göttlichen Fluss der Leichtigkeit und Lebendigkeit.

Nun segnete ich auch diese Erfahrungen und die Menschen, mit denen ich sie gemeinsam erschaffen hatte. Wie naiv wir doch damals waren, aber auch dies war eine wertvolle Erfahrung. In dem alten Geschehen entdeckte ich einen Wesenszug von mir, der mich erfreute. Es war eine große Liebe für Details, eine forschende Neugier, die entdecken und ausprobieren wollte. Ich nahm sie zu mir und vereint mit der göttlichen Ebene würde sie nun andere Dinge erschaffen können. Gleichmäßige Wellen durchströmten mich, alles kam in den Frieden und Einklang zurück.

Ich hatte tiefe Ebenen meines Wesens erschaut. Ein heller Lichtstrom durchfloss mich. Er ließ alle Moleküle und Zellen in mir gleichmäßig schwingen und synchronisierte sie mit meiner Umgebung. Meine Energiekörper verschmolzen, mein Lichtkörper trat hervor. Sein Potenzial war die ganze Zeit über da gewesen.

Ich erinnerte mich an Worte meines lieben Lehrers El Morya, in einer fernen Zeit: *»Das höchste Glück ist bereits in dir, es hat dich niemals verlassen.«*

Ich erkannte damals die tiefe Bedeutung seiner Worte nicht. Doch inzwischen wusste ich, dass ich mich selbst durch niedrig schwingende Absichten und Gefühle von diesem Glück entfernt hatte. In der Verengung durch meine negativen Ausrichtungen konnte ich die glückseligen Gefühle meiner Göttlichkeit nicht mehr frei durch mich fließen lassen. Doch sie waren immer da gewesen, sie wollten immer den Kontakt zu mir, und hier in den Bergen ließ ich sie endlich wieder herein.

Meine Zeit auf dem Berg neigte sich ihrem Ende zu, das konnte ich jetzt immer deutlicher fühlen. Dieser Ort hatte seinen Zweck für mich erfüllt. Bereits in früheren Leben trug ich die Vision in mir, mein göttliches Selbst auf allen Ebenen zu integrieren und diesen Zustand auf Erden zu leben. Es war die Erschaffung von etwas Neuem auf der Erde, eine Evolution hin zu einer neuen Ebene der Schöpfung. Die Energien der Erde waren sehr herausfordernd und die Bewusstseinszustände der Trennung, erschufen die stärksten Begrenzungen und die größte Vergessenheit.

Ich erkannte, dass mein Bewusstsein in allen Dimensionen und Welten der Schöpfung, in all seinen Körpern und Ausdrucksformen bereits präsent war.

Nun war ich angekommen, mein Traum verwirklichte sich zusehends und ich konnte sehen, dass auch viele andere Seelen ihn träumten. Doch sie hatten sich entscheiden, noch einige Zeit in den begrenzteren Erfahrungen zu verweilen. Von hier aus konnte ich sehen, dass es ihr Wunsch war, menschliches Miteinander und Auswirkungen von Energien mit einem begrenzten Bewusstsein zu erfahren. Und es war in Wahrheit gar keine negative Begrenzung, sondern einfach die Fokussierung auf einen ganz bestimmten Blickwinkel, um ihn ausgiebig zu erforschen. Es vermittelte eine besondere Tiefe, in der sie mehr über Erfüllung und Schöpfung zu lernen suchten. Diese Erfahrungen bereicherten sie. Selbst schwierige Erfahrungen dienten und erschufen eine spezielle Essenz der Weisheit. Es hinterließ ganz besondere Qualitäten in ihren Herzen und erweiterte ihren inneren Raum.

Und so lernte ich, ihren freien Willen bedingungslos zu achten, denn ich sah die Früchte ihrer Bemühungen. Das, was aus dem menschlichen Erleben heraus schwierig und wenig erstrebenswert erschien, erschuf große, bereichernde Früchte auf anderen Ebenen. Und so ließ ich meine Bewertungen los. In jenem Moment erlebte ich eine umfassende Ausdehnung in mir, in der sich unzählige weitere Potenziale öffneten.

Ich wurde fähig, in die engsten begrenzenden Bedingungen einzutauchen, Freude in ihnen zu finden und mich danach augenblicklich wieder aus ihnen zu lösen. Ich spürte der Schönheit und Freude der Erfahrung nach und dies war eine wahrhaftig göttliche Ausrichtung. Ich war erleichtert und erfüllt. Große Wogen der Unendlichkeit schwangen durch mein weites Sein. Der Berg hatte mir alles gegeben, wonach ich gesucht hatte.«

Ich war tief berührt von Jeshuas Worten und seiner Geschichte. Das hatte ich nicht vermutet. Ich hielt ihn immer für besonders gesegnet und konnte mir nie vorstellen, wie er wohl in diesen wundervollen, verwirklichten Zustand gekommen war. Nun wusste ich, dass auch er einen Weg auf der Erde nahm. Einen Weg, der ebenso wie meiner Ängste, Schmerz und Abschied enthielt, bevor er das wahre Glück erkennen konnte. Bevor er erkannte, dass jegliches Leid aus begrenzten Betrachtungsweisen entstand und niemals Teil seines wahren Wesens war.

»Siehst du, mein Liebes, es gibt einige Gemeinsamkeiten auf den Erwachens- und Erleuchtungswegen und doch ist ein jeder so individuell wie die Erfahrungen der Seele selbst. Auch ich hatte meinen Weg. Ich hatte beschlossen, die völlige Zurückgezogenheit für meine Erfahrung zu wählen, denn ich hatte bereits so viel Gemeinschaft erfahren, dass ich mich erst einmal außerhalb von ihr wiederfinden wollte. Bei dir verhält es sich anders herum, denn du hattest sehr viele Erfahrungen des Alleinseins und auch der Einsamkeit. Du hast viele Inkarnationen als Priesterin gewählt und dich selbst innerhalb einer Gemeinschaft sehr oft in die Abgeschiedenheit des Studiums der alten Lehren zurückgezogen, während ich es stets vorzog, die Gesellschaft zu suchen.

Du erlebst deinen Weg in der kleinen Gemeinschaft unserer Familie und dies hast du dir sorgsam vorbereitet. Wisse, es gibt keine Eile. Es ist dein tiefster Wunsch, es zu genau dieser Zeit zu erleben, und du wusstest es, bevor du in dieses Leben eingetaucht bist. Auch du hast vorgegeben, dein hohes Wissen wieder vergessen zu haben, um es aus dir selbst heraus noch einmal ganz bewusst wiederentdecken zu können. Einst führten auch dich weise Lehrer, so wie ich dich lehrte, doch ist es erst Wahrhaftigkeit, wenn das Wissen selbst gelebt wird. Erst dann kann es eins mit dir sein.«

Seine Worte veränderten etwas in mir. Ich konnte dankbar anerkennen, dass meine leidvollen Gefühle zu vergangenen Erlebnissen gehörten. Ich durfte lernen, dass ich sie zwar erlebt hatte, sie aber nie ein Teil meines wahren Seins waren.

Sie waren nur solange mein Erleben, wie ich mein Bewusstsein in ihnen bewahrte. Sie konnten sogar ganz eigene Realitäten ausgestalten, wenn ich es ihnen erlaubte. Ich selbst war letzten Endes die Ursache meines Erlebens.

Ich würde mich weiter auf die Freuden konzentrieren und durch meine Ausrichtung auf Liebe, Dankbarkeit und Freude eine hohe Schwingung aufrechterhalten.

8

Das Leben in den Priesterschaften

»Die tiefste Sehnsucht gilt in Wahrheit stets uns selbst. Sie ist die Suche nach den eigenen, noch abgetrennten Anteilen.«

Ägypten – eine Erfahrung der Liebe, die alle Inkarnationen verbindet

Ägypten, Ägypten … Ich erinnere mich an Ägypten! Ich blinzle in die Sonne, ihre wärmenden Strahlen berühren meine Haut. Ich blicke über weite Flächen der Nilebene. Dieser Fluss ist so wohltuend, er bedeutet einfach alles für uns. Er bringt den fruchtbaren Schlamm und versorgt uns wie eine Mutter. Er hält uns in seiner Geborgenheit. Er behütet uns und regt unsere Erkenntnisse an. Wir alle verehren ihn.

Ich bin ein junges Mädchen und blicke voller Ehrfurcht auf die Tempel des frühen Ägypten. Ihre erhabenen Silhouetten erstrecken sich weit über den Horizont. Diese Orte strahlen etwas ganz Besonderes aus. Hier wollte ich sein. Hier wollte ich ein Leben verbringen. Ich bewunderte die Tempel, und deswegen sollte ich Schülerin in einem Tempel der Sonne werden. Wir schauten zur Sonne hoch. Sie schenkte uns Lebensenergie und aus ihr kamen Lichtcodes höherer Existenzebenen, die uns halfen, das wahre Sein zu erfahren, so verkündeten es die Lehren des Tempels.

Die Priester dort wussten um die Zugänge zu den erhöhten Bewussteinsebenen, die in den höheren Chakren verborgen waren. Diese Chakren waren in der damaligen Zeit nur bei wenigen Priestern aktiv. Die Schulungen beruhten auf Einweihungen, um die Zugänge erneut zu öffnen, und machten jahrzehntelange Entwicklungsprozesse erforderlich. Immer wieder verbrachten die Schüler Tage und sogar Monate in Isolation, um sich einlassen zu können. Sie lernten, das höhere Licht zu schauen, die Bewusstseinsebenen göttlichen Seins. Nach unserem Glauben verbargen sich direkt hinter dem Sonnentor Gott und Göttin selbst. Dieses Sonnentor war kein äußeres Tor, sondern eine Ebene unseres Bewusstseins. Durch das Sonnentor strömten Energien, die uns die Möglichkeit boten, unsere menschliche Persönlichkeit mit ihren beschwerenden Verletzungen zur Bewusstheit und Höherschwingung zu transformieren.

Die Priester empfingen Botschaften aus der inneren und äußeren Sonne in stiller Zurückgezogenheit und gaben sie an die Schüler des Tempels weiter. Oft war es nur eine Handvoll erlesener Schüler, die den Ausführungen lauschen durfte. Die Codierungen halfen, die Zellen wieder für das göttliche Licht zu öffnen, und sie kündeten von Lichtwelten, die weit jenseits unserer menschlichen Vorstellungskraft lagen. Unser Bewusstsein war noch sehr getrennt von diesen einst selbstverständlichen Zugängen und so war es nötig, kleine Schritte zu gehen.

Wir liebten das Sonnenlicht. Wir begrüßten die Sonne jeden Tag und ließen uns durch sie mit göttlicher Energie auffüllen. Wir sangen und sprachen mystische Worte, mit denen wir uns stundenlang in immer denselben Rhythmen an sie wandten. In diesen tiefen Trancen wurde unser menschliches Sein so still ins uns, dass unser Fokus mit der Sonne verschmelzen konnte. Hier eröffnete sich eine höhere Schau. Wir begannen Eindrücke aus höheren Realitäten zu erlangen. Wir spürten die unendlich große Liebe, die darin lag. Sie blendete unser damaliges Sein regelrecht, so dass wir es selten lange ertragen konnten. Wir waren noch nicht fähig, diese intensiven Gefühle außerhalb unserer Trancen zu erleben. Es war zuvor notwendig, unsere Energiekörper und unseren Körper durch spezielle Ernährung, Lichtmeditationen, Wasserrituale, Einweihungen und Bäder im Nil zutiefst zu reinigen und in Einklang zu bringen.

Wir hielten unsere Gedanken und Gefühle so rein wie möglich, dies ermöglichte die tiefen Trancen. Manche hatten sich diesen Zugängen so sehr verschrieben und konnten die wundervollen Gefühle der Liebe von dort so wenig entbehren, dass sie sich fast zu Tode hungerten, um ihre Körper zu klären. Manche verweigerten feste Nahrung und andere weigerten sich unbewusst, nach den Trancen in ihre Körper zurückzukehren. Trotz großer Sorgfalt der anleitenden Priester verblieben manche Schüler mit großen Teilen ihres Bewusstseins außerhalb ihres irdischen Körpers und schafften es nicht, sich wieder richtig mit ihm zu verbinden. So gab es Schüler, die nicht mehr in der Lage waren, sich selbst zu versorgen. Große Teile ihres Bewusstseins waren einfach in den höheren Welten verblieben. Immer wieder ereigneten sich solche Fälle, denn es war damals noch sehr schwierig, die erhöhte Schau mit dem menschlichen Selbst zu verbinden.

Wir studierten die Edelmetalle der Erde, denn sie repräsentierten göttliche Kräfte für uns, die wir als ihre Manifestation auf Erden ansahen. Dies war eine besondere Zeit für mich, in der ich lernte, auf der Erde anzukommen.

Die Tempel stellten allerlei Annehmlichkeiten und eine sichere Gemeinschaft zur Verfügung. Sie boten mir ein Zuhause und mein Leben war ganz der Sonnenkraft und der heiligen Liebe zur Göttlichkeit verschrieben. Die Tempelabläufe trennten uns aber auch von dem Leben, das die Menschen außerhalb der Tempel führten. Wir verloren den Bezug zur Außenwelt. Sämtliche Nahrung stand stets bereit und es mangelte uns an nichts. Wir fragten uns nie, woher diese Dinge kamen, und so blieben uns die Lebensgeschichten der Menschen verborgen, die sie uns brachten.

Mich faszinierte das Sonnenlicht. In den Trancen konnte ich sehen, wie es die Zellen des Körpers verändern konnte. Ich sah, wie blinkende Lichtteilchen aus der Sonne auf meine Haut trafen. Als ich es zuließ, reagierte etwas tief in mir auf das Licht der Sonne. Es gab Teile in meinem Körper, unter denen sich ein reines Licht regte, das sich wieder mit dem einströmenden Licht verbinden wollte.

Es lagen allerdings dicke Schichten von hemmender Dunkelheit darüber und als ich meinen Lehrer fragte, was dies sei, antwortete er, dass sie aus Zeiten stammten, als die Menschen sich von Regenten und Königen unterwerfen ließen. Es gab eine Zeit, in der Machtmissbrauch die Menschen von den Zugängen zu ihrer Seele abschnitten, und ohne diese Verbindung verirrte sich ihr Geist in den vielen Leben, so dass sie sich Macht- und Kriegsspielen ergaben.

Sie hatten eindeutig ihr wahres Sein vergessen.

»Wie kann ich das erlösen?«, fragte ich meinen anleitenden Priester mit großen Augen. »Durch deine Hingabe«, antwortete er. »Und indem du erkennst, dass du aus diesem Licht gemacht bist. Es regt sich bereits tief in deinen Körperzellen, lasse es erwachen. Es wird wieder in seine eigene Dynamik finden. Du wirst die Hindernisse in deinen Denkweisen erkennen können. Warum öffnest du dich dem Licht nicht einfach? Frage dich das und gehe damit in eine Trance hinein.«

Dies war eine wichtige Botschaft für mich und ich nahm mir fest vor, es auszuprobieren. Bei der ersten der folgenden Trancen gelang es mir nicht, mich auf das Sonnentor zu fokussieren, zu wichtig brannte die Frage in mir. Sie verhinderte, dass ich mich wie gewohnt öffnen konnte. Der Priester deutete mir an, dass ich nun eine Auswirkung der alten Beeinflussungen auf meinen Geist geschaut hätte. Ich konnte die Barrieren nicht mit Gewalt durchbrechen. Ich konnte es nur durch wahre Gefühle von Liebe und Hingabe erlösen, verbunden mit sanftem Loslassen. Ich benötigte noch sehr viel Übung.

Was dachte ich überhaupt von mir und meinem Leben? Ich kannte fast nur noch das Leben in dem Tempel, in den ich als Mädchen mit zwölf Jahren gelangte. Meine frühere Kindheit verblasste immer mehr, ich erinnerte mich vage an drei Geschwister und Eltern, die mich ohne jeden Zweifel liebten. Sie gaben mir ihre ganze Hoffnung mit, als ich in die Tempel ging. Ich spürte, wie schwer die Last ihrer Erwartungen auf mir ruhte, obwohl schon so viele Jahre kaum Kontakt zu ihnen bestand. Der Tempel war meine neue Familie geworden. Ich war nicht einsam, diese Gedanken kamen mir nie, doch jetzt spürte ich erstmalig, wie sehr ich meine Familie vermisste.

Plötzlich war mir, als hätte jemand Schwerter durch meinen Kopf getrieben, denn es war ein großer Konflikt in mir, den ich weit verdrängt hatte. Ich bemerkte, wie sehr mein Leben von Dingen beeinflusst war, die mir nicht mehr bewusst waren. Ich wollte dienen, das war der einzige Gedanke, mit dem ich in die Tempel gegangen war. Doch wer hatte mir das gesagt? Meine Eltern waren es nicht gewesen, es schien eher eine Mahnung weit im Hintergrund zu sein, aus einer vergessenen Zeit, die mir nie bewusst geworden war. Sie schien aus einem anderen Leben zu kommen, zu dem mein menschliches Bewusstsein keinen Zugang hatte. *Ich diene euch nicht mehr,* entschied ich mich und die mahnende Stimme begann zu verblassen. *Ich gehöre nur mir selbst und ich diene dem Licht meiner Göttlichkeit, dem ich mich hingebe.* Mein Körper fühlte sich erleichtert an. Alles in mir wurde leichter. Ich spürte, dass sich noch etwas in mir wehrte, obwohl ich mich so gerne dem Licht öffnen wollte. Ein innerer Kampf entbrannte, den ich nicht durch Kämpfen gewinnen konnte und der den Trennungsschleier nur weiter anwachsen ließ.

Ich war ratlos, dann wurde es mir egal. Ich verschrieb mich diesem Thema so sehr, dass ich für einige Monate wie die Schüler wurde, die den Rückweg ihres Geistes in den Körper nicht mehr fanden. Ein Teil von mir hatte sich abgespalten, denn tief in mir beschäftigte mich die Frage dermaßen, dass ich mich eine Zeit lang völlig in ihr verlor.

Eines Nachts hatte ich einen Traum. Ich war an einem besonderen Ort, doch ich hatte keinerlei Ahnung, wie ich dorthin gelangt war. Ich war einfach dort. Der Ort erschien so anders als alles, was ich kannte, und doch so selbstverständlich. Wie war ich nur hierher gelangt und … Wo war ich? Eine unendlich sanfte Stimme erklang in mir und berührte mein tiefstes Sein. Ich spürte eine allumfassende Liebe, wie ich sie nie zuvor gespürt hatte, selbst in der tiefsten Trance nicht. Hier war sie mir auf einmal zugänglich. Hier gab es nichts, was mich noch von der Liebe trennte. Ich fühlte mich vollkommen präsent und klar. Ich wurde eins mit dieser unbeschreiblichen Liebe, die alles in mir berührte. Hier war alles für mich. Alles, was mich je erfüllen könnte. Sie war wie eine Vollkommenheit, die mich zu sich rief. Je näher ich kam, desto mehr durchwogte sie mich mit ihrer Reinheit. Worte können nicht beschreiben, wie sie mich mit immer größerer Intensität erfüllte.

Diese Wogen steigerten sich, bis ich spürte, dass ich mehr davon nicht zulassen konnte. Es gab eine Art unsichtbare Grenze für mich. Ich konnte noch nicht sehen, was mich dort erwartete, doch ich spürte eine sehr große Sehnsucht. Dort war etwas, das mir höchste Liebe und Erfüllung schenken konnte. Es schien alles zu sein, was ich jemals brauchen würde. Dann konnte ich plötzlich meinen irdischen Körper sehen. Auch er wurde von dieser Liebe berührt und verändert. Hier wollte ich nie wieder weg.

»Gehe zurück auf die Erde«, sagte mir eine innere Stimme. »Du bist hier, damit du dich wieder vervollständigen kannst, doch nun ist es an der Zeit zurückzukehren.« Ich bemerkte, wie sich auf dieser Ebene unvorstellbarer Liebe kleine Lichter mit mir verbanden. Ich streckte meine Hand aus – »Ich will hierblieben!«. »Es ist noch nicht an der Zeit«, flüsterte die Stimme. »Geh zurück.« Und so wachte ich nach jenem wachen Traum wieder im Tempel auf. Jene Teile meines Bewusstseins, die verloren schienen, waren wieder zurück, und ich war ganz klar und präsent. Das war eine wichtige Lektion. Sie zeigte mir, dass mein angestrengtes Wollen, meine ganze Aufregung, nur zu weiterer Trennung und Verlorenheit führten. Ich hatte Teile von mir förmlich aus mir hinauskatapultiert und sie irgendwo in den Dimensionen des Sonnentores zurückgelassen, so sehr sehnte ich mich nach diesem Licht. Ich erkannte, dass der Schlüssel im Zulassen lag.

Ich durfte lernen, mich auf das Leben auf der Erde auszurichten, es aus vollstem Herzen anzunehmen und zur höchsten Ehre und Freude meiner selbst und der gesamten Schöpfung zu leben. Ich selbst hatte es ursprünglich gewählt und seine Erfahrungen sollten mir dienen.

Ich konnte es nicht durch Denken ergründen. Ich konnte es lediglich fühlen und zulassen, denn nur auf diese Weise war ich so entspannt und offen, dass sich kein Schleier mehr zwischen mich und das Licht schob.

In jeder freien Minute suchte ich nach den Trancen, um mich mit meiner Göttlichkeit zu verbinden. Sie war es, die aus dem Licht heraus meine Zellen berührte. Sie war es, die einen Kontakt zu meinem Körper herstellen wollte. Es war meine Aufgabe, bereit dafür zu sein. Doch ich wollte es immer noch zu sehr, mein Kopf war zu sehr beteiligt. Ich durfte lernen, die Wünsche meines Denkens zu erkennen und beiseite zu stellen.

Erst nach vielen Jahren im Tempel war ich endlich soweit. In einer der tiefen Trancen erreichte ich überraschend wieder die Ebene der unendlichen Liebe. Ich blickte auf den Punkt, von dem sie auszugehen schien. Dort erschien ein strahlendes Licht und ich erkannte mich in ihm wieder. Meine Zellen boten nur noch wenig Widerstand und mein ganzer Körper begann zu erstrahlen. »Es ist noch nicht ganz an der Zeit, dass wir uns vollkommen verbinden. Es gibt noch einiges zu erleben, wir möchten die Schönheit dieser Welt erfahren und die Menschen kennenlernen. Wir werden weitere Leben erschaffen.« Der süße Klang der Stimme, die meine war, erfüllte mich.

Ich spürte, dass ich diese Erkenntnis liebte! Ich war vollkommen damit einverstanden, denn hier konnte ich deutlich wahrnehmen, dass ich es selbst auf einer höheren Ebene entschieden hatte. Deshalb war ich hier, die Dinge erschienen mir plötzlich so klar. Ich würde noch viele Begegnungen haben – und für einen kurzen Moment schaute ich die Potenziale, die mein Bewusstsein ausgewählt hatte. Alles schien komplex und gleichzeitig doch so einfach zu sein, weil die allumfassende Liebe alle Inkarnationen, die ich jemals gewählt hatte, miteinander verband. Sie alle wirkten zusammen. Jedes einzelne Leben würde mich ganz bestimmte Erfahrungen machen und

Weisheit erlangen lassen. Sie würden alle gemeinsam eine sehr besondere Essenz kreieren!

Jedes einzelne Leben besaß eine unvergleichliche Essenz der Schönheit und Vollkommenheit.

Auf dieser Ebene flossen all meine Leben und Perspektiven zusammen. Mein Bewusstsein war mir ganz unerklärlich und doch so klar. Alle diese Leben vermochten sich gegenseitig zu unterstützen. Sie waren bereits da. Sie waren alle mit der einenden Liebe verbunden, die alles immer wieder neu zusammenführte.

Tiefe Erleichterung durchströmte mich. Ich bemerkte, wie sich das Licht meiner Göttlichkeit in meinen Körper integrierte. Als ich aus der Trance zurückkam, war mein ganzer Körper von diesem Leuchten intensiv erfüllt. Es war der höchste Bewusstseinszustand, den ich in jenem Leben kurzzeitig jemals erlebt hatte, doch ich konnte ihn nicht halten. Ägypten sollte für immer ein Teil meines Herzens sein und als ich mich an jene Inkarnationen erinnerte, spürte ich vor allem die große Liebe, die ich dort in der Begegnung mit meiner Göttlichkeit erfuhr. Diese gesegneten Einblicke brachten mich auch als Maria Magdalena meinem göttlichen Selbst immer näher. Ich profitierte von allem, was ich in jenen Leben seinerzeit bereits erreicht hatte.

Der Kristall des Quellbewusstseins in Atlantis

Jeshua hatte einige meiner Leben als Priesterin in verschiedensten Epochen der Erdgeschichte erwähnt und mich neugierig gemacht. Wie mochten diese Leben wohl ausgesehen haben? Ich nahm meine Frage mit nach innen und gab ihr Raum. Ich entzündete Räucherwerk, auch dies schien mir vertraut zu sein und klärte meinen Geist. Ich liebte den hellen Salbei, er klärte meine Stirn und ließ mich leichter schauen. Ich ließ meine Frage in mir schwingen und mich in sie hineinfallen.

Nach einer Weile in der Stille tauchten erste Fragmente von Eindrücken auf. Ich nahm plötzlich meinen Arm, bekleidet von einem hellen Priestergewand, wahr. Den Ärmel und auch das unterste Ende zu meinen Füßen zierte ein goldenes Band. Das Gewand endete knapp oberhalb meines Knöchels und ich trug goldenen Schmuck um die Fußgelenke. Ich war als Schülerin schon weiter fortgeschritten, der Schmuck zeigte meine Stellung in der Priesterschaft an. Diejenigen, die erst begannen, trugen keinerlei Schmuck innerhalb der ersten drei Jahre. Ich hatte mir meinen Schmuck verdient, er erfüllte mich mit bescheidenem Stolz. Ich fügte mich als Schülerin ein, nahm geduldig alle Lehren auf und versuchte sie zu verstehen. Ich ordnete mich unter und entwickelte eine eigene Meinung, die ich jedoch für mich behielt, denn die Lehren sollten hier im Vordergrund stehen. Ich erkannte diese Wesenszüge aus meinem jetzigen Leben wieder.

Ich hatte so vieles in mir unterdrückt. Ich war bescheiden und folgsam und fragte mich, worin wohl der Grund dafür lag. Mein Wesen hätte viel freier sein können, als ich es jetzt erblickte. Ich spürte jäh eine tiefsitzende Angst, den Weg zu meiner Göttlichkeit nicht zu finden, wenn ich etwas »falsch« machte. Ich gab diesem Teil Verständnis und sagte ihm, er *könne* nichts falsch machen. Wir würden schon in die Rückverbindung finden.

Mein Inneres erhellte sich und weitere Erinnerungen tauchten auf.

Umrisse von golden schimmernden Tempelhallen erschienen vor meinem inneren Auge. Ich sah prächtige, helle Gebäude, die von blühenden Gärten umgeben waren, und wusste, dass es die Blütezeit von Atlantis war. Es gab viele Tempel, gemeinschaftlich genutzte Gebäude, die der Förderung von Fähigkeiten wie der Heilung, dem Erschaffen von Kristallen und anderer Materie, der Levitation, Klängen, der Kommunikation mit Sternenwelten, neuen Entwicklungen und anderen Dingen dienten.

Einen Tempel liebte ich dort ganz besonders. Er enthielt ein sehr ausladendes Wasserbecken, das einen zwei Meter hohen eiförmigen Kristall in sich barg. Die Decke leuchtete golden und die Reflektionen des Wassers schmückten sie mit wunderschönem Lichterspiel. Dieser Tempel strahlte Erhabenheit, Reinheit und Klarheit aus und bot gleichzeitig eine Atmosphäre tiefer Geborgenheit.

Ich sah mich, wie ich mein Gewand ablegte und in das angenehm warme Wasser stieg. Anscheinend kam ich, wie auch andere Schülerinnen, regelmäßig hierher. Ich tauchte in das Wasser ein und lehnte mich an den Beckenrand an. Das Wasser wirkte wohltuend auf meinen Körper. Es enthielt lichte Schwingungen, die ein wenig unter meine Haut zu dringen schienen. Es fühlte sich an, als würden sie energetische Verkrustungen in meinem Körper erlösen und sie einfach herauswaschen.

Während das mit hohen Schwingungen aufgeladene Wasser auf mich einwirkte, fühlte ich mich rein und erleichtert. Es klärte meinen Körper und versetzte es in einen erhöhten Zustand. Die Schwere, die sich durch meine Gedanken und unterdrückten Gefühle in mir angesammelt hatte, wurde in diesem Wasser abgelöst. Mein Studium diente dem Erlernen ständiger Reinheit und Leichtigkeit. Wir lernten in dem goldenen Tempel, uns nicht von belastenden Gedanken und Gefühlen beschweren zu lassen.

Gerade zu Beginn der Ausbildung gab es immer wieder Rangeleien unter den jungen Schülerinnen. Wir versuchten unseren Platz zu finden und kleine Eifersüchteleien waren an der Tagesordnung. Wir nahmen die Probleme, auch mit unseren Familien, mit in das Tempelbecken hinein. Dieses Wasser förderte Einsichten, doch lange Jahre war ich nicht in der Lage, meine Gefühle und Gedanken wirklich loszulassen, um so zu verhindern, dass sie sich mit meinen Körperzellen geradezu verketteten.

Ich studierte dort das, was Jeshua in seiner Einsamkeit auf dem Berg zutiefst verinnerlichen konnte. Ich brauchte einfach nur meinen Betrachtungswinkel zu verändern und meine Aufmerksamkeit aus jeglichem Drama heraus zu lenken! Warum hatten sie uns das hier nicht gesagt? Natürlich hatten sie es gesagt, aber es war noch sehr schwer für mich, die Lehren auch wahrhaftig zu begreifen und umzusetzen. Ich verstand es einfach noch nicht richtig. Es brauchte eine ganze Weile, um meine belastenden Gefühle zu wandeln und meine Perspektive dauerhaft in angenehme Zustände zu verlagern.

In der Mitte des Wasserbeckens leuchtete der faszinierende Kristall und zog meine Aufmerksamkeit auf sich. Er war von einem separaten, runden Steinfries eingefasst und ragte majestätisch über die Wasseroberfläche. Die gesamte Atmosphäre in der heiligen Anlage war liebevoll und einladend, und auf seltsame Weise schien dieser Kristall eins mit dem Wasser zu ein.

Ich glitt durch das Wasser zu ihm und wusste, dass ich jetzt, nach mehreren Jahren der Schulung, die Erlaubnis hatte, ihn berühren zu dürfen. Zuvor hätte ich seine hohen Energien nicht ertragen können, zu sehr wären sie mit meinen inneren Begrenzungen kollidiert. Nun fühlte ich mich bereit. So viele Jahre hatte ich mich gefragt, was wohl geschehen würde, wenn ich meine Hand auf ihn legte.

Meine Aufmerksamkeit wurde sofort in eine tiefe Zentrierung gebracht und gleichzeitig schaute ich ins Innere des Kristalls. Zunächst konnte ich nur helles Licht erkennen. Ich spürte ein Gefühl von Klarheit und Neuordnung. Die Wahrnehmung der Ewigkeit begegnete mir wieder. Hier gab es keine Müdigkeit, keine Erschöpfung, keine Zeit, keinen Anfang und kein Ende. Ich erfuhr ein belebendes und fast ekstatisches Gefühl.

Der Kristall vermittelte mir feinste Frequenzen aus dem Innersten der göttlichen Quelle. Er war ein Tor in Bereiche, denen meine ganze unerfüllte Sehnsucht galt. Das spürte ich augenblicklich. Wir Schülerinnen und Schüler waren in unserem bisherigen Bewusstsein noch gar nicht fähig, uns dort dauerhaft zu verbinden, dazu war noch einiges an Reife wie auch an Klärung unseres emotionalen und mentalen Energiekörpers nötig.

Als ich den Kristall berührte, spürte ich auch, wie sehr ich mich nach Liebe sehnte. Wie sehr hatte mir in jenem Leben in Atlantis die Liebe einer Mutter gefehlt. Die oberste Priesterin des Tempels konnte diese Rolle nicht für mich ausfüllen. In dem Augenblick, als mir die mangelnde Liebe bewusst wurde, war mir, als würden unzählige mütterliche Hände mein Innerstes ganz sanft in tiefster Liebe berühren. Eine urmütterliche

Liebe größter Reinheit durchströmte mich. Ich konnte mich vollkommen in ihr aufladen und ließ mich eine ganze Weile in den heilsamen Gefühlen treiben und heilen.

Die Liebe einer Mutter stand in meinem göttlichen Sein längst für mich bereit, auch wenn diese in meinem Leben gerade abwesend war. Die große, liebende Mutter war auch ein Teil meines Selbst. Ich konnte die fehlende mütterliche Liebe nun aus einer höheren Ebene heraus empfangen, für die ich mich öffnen konnte.

Die Wogen aus dem Kristall wurden immer stärker, je länger ich bei ihm verweilte. Ich wurde von Gefühlen nahezu überwältigt. Nach einer kleinen Weile, die mir wie eine Ewigkeit erschien, durchströmte mich goldweißes Licht, das mir alle Farben der Schöpfung offenbarte. Dieser Quellstrom enthielt ALLES, wie es sich mit menschlichen Worten nicht beschreiben ließ. Wogen der Glückseligkeit aus dem unendlichen Ozean der Göttlichkeit erfüllten mich. Was auch immer ich brauchte, erfüllte sich in diesem Zustand sofort, und es gab keine offenen Bedürfnisse mehr. Etwas erschrocken ließ ich den Kristall wieder los, denn das hatte ich nicht erwartet.

Obwohl alles, was ich brauchte, hier war, konnte ich es doch nicht annehmen. Es war einfach noch zu früh für mich. Ich war noch nicht bereit. Mein Verstand, mein menschliches Selbst, die junge Schülerin, mit der ich mich identifiziert hatte, war mit dieser immensen Fülle noch überfordert. Mir fehlte einiges an Entwicklung, um diese einzigartigen Gefühle aufnehmen zu können.

Als ich den Kristall losließ, fühle ich mich sofort wieder getrennt, denn das Energiegefüge der Erde vereinnahmte mich noch zu sehr. Ich konnte diesen erhöhten Zustand nicht aufrechterhalten. Ich durfte erst noch lernen, mich aus den Vereinnahmungen meiner Lebensumstände, meiner ungeklärten Identifikationen, Gefühle und Gedanken zu lösen.

Und ich durfte lernen, auch negative Gefühle und Gedanken anzunehmen, meinen Fokus anmutig aus ihnen heraus zu bewegen und gleichzeitig meine Göttlichkeit zu spüren.

Auch hier erkannte ich es als meine Aufgabe, die noch mehrere Leben in Anspruch nehmen sollte. Dennoch genoss ich die Priesterzeiten. Ich spürte schon längst in mir, dass ich das Unbekannte entdecken wollte.

Ich suchte nach etwas und diese Suche gab mir Antrieb. Ich war noch lange nicht bereit, es wirklich zu finden, denn dann könnte ich ja die Suche nicht mehr erleben! Diese Erkenntnis erleichterte mich.

Ich hatte die Suche selbst herbeigeführt! Ich gab mir das Geschenk der Suche um der Erfahrung willen! Die Gefühle des Geheimnisvollen übten einen sehr großen Reiz auf mich aus.

Das geheimnisvolle Unbekannte, das ich spürte, konnte ich als Potenziale erkennen, die ich noch nicht ausgelebt hatte.

Wir schenkten uns selbst Reisen durch die Schöpfungswelten, um immer wieder neue Dinge zu erfahren. Wir kosteten die unendlichen Möglichkeiten der Quelle aus und entwickelten uns immer weiter daran. Wir waren erfüllt vom innersten Antrieb unseres göttlichen Kerns, der uns die Umfassendheit der göttlichen Quelle erleben ließ.* Wir wurden fähig, immer höher schwingende Realitäten zu erschaffen.

Ich kannte die Gefühle unerfüllter Sehnsucht. Ich sehnte mich nach etwas, ohne zu wissen, was es eigentlich war. Nun verstand ich, dass ich in Wahrheit nach Teilen meiner Selbst suchte. Ich suchte nach den wundervollen, göttlichen Gefühlen, die ich einst selbst von mir abgespalten hatte, um die Erde für ganz bestimmte Erfahrungen besuchen zu können.

Die tiefste Sehnsucht galt in Wahrheit stets mir selbst. Sie war die Suche nach meinen eigenen, noch abgetrennten Anteilen.

Sie war so stark, dass sie unweigerlich dazu führen musste, dass ich meine Göttlichkeit eines Tages wiederfand. Als Maria Magdalena hatte ich bereits viele meiner Leben geschaut und ihre Kräfte zu mir zurückgeholt. Sie waren wieder Teil meines bewussten Seins geworden. Nun war es an der Zeit. Ich hatte das Spiel der Erfahrungen auf der Erde hinreichend ausgelebt – ich konnte mir endlich erlauben zu finden!

Die dunkle Priesterschaft

In meiner Versunkenheit bahnte sich noch eine weitere Erinnerung ihren Weg an die Oberfläche. Ich hatte in vielen Leben

---

* Näheres dazu findet ihr in meinem Buch *Perle des Herzens, dein göttlicher Kern*. Es enthält Channelings von Lady Nada und Maria Magdalena und erschien 2017 im Smaragd Verlag, Dierdorf. – *Anmerkung der Autorin*

Unterordnung und Zurückhaltung gelebt. Ich bemühte mich, möglichst wenig aufzufallen, und schwierige Erlebnisse hatten diese ängstliche Ausrichtung stets noch bestätigt. Auch in einigen der alten Priesterschaften wurde sie unterstützt – ich war eine brave, folgsame Schülerin. Dadurch konnte ich eine Zeit lang meine Verantwortung an andere abgeben. Es sollte doch nicht meine Schuld sein, wenn ich nicht wieder in Kontakt mit meiner Göttlichkeit käme!

Als ich diese unbewusste Überzeugung in mir erkannte, zeigte sich mir eine dunkle Priesterschaft, die mich lehren sollte, wie wichtig es war, meine Eigenverantwortung anzunehmen und mich selbst genau kennenzulernen.

Ein Gefühl großer Macht stieg nun in mir auf, die in einem wohltuenden Gegensatz zu meinem ängstlichen Rückzug stand. Ich sah mich auf einem kleinen und doch kostbar verzierten Boot stehen. Es war schmal und lang, an seinem Bug ragte ein geschwungener goldener Bogen hoch empor. Ihn zierte das Abbild einer Gottheit, dessen Tempel ich seinerzeit angehörte. Das Boot diente den Priestern und Priesterinnen dazu, von Tempel zu Tempel zu gelangen, die an den Ufern weit verstreut waren.

Die Tempel und auch die Wohnstätten der Priester und Schüler waren an Orten angesiedelt, an denen die Kräfte der Erde intensiv genutzt wurden. Für die Tempel hatte man in der längst vergangenen Zeit ihrer Erbauung ganz besondere Orte ausgewählt, an denen Leylinien die Erdkräfte bündelten oder die Speicher alter Wissensbibliotheken der Erde lagen. Manche hatte man auch auf uralten, metaphysischen Kristallen errichtet, die von hohen Wissenden in frühester Zeit dort platziert worden waren, um die Kräfte des Kosmos auf die Erde zu bringen. Es gab Tempel, die unter der kraftvollen Einwirkung des Sonnenaufgangs standen, während die Wohnstätten der Priesterschaften eher im ruhenden Schatten von Palmen und Büschen lagen. Die Böden enthielten feurige oder beruhigende Kräfte, öffnende wie auch kumulierende Energien. Kein Gebäude stand zufällig an seinem Ort, alles war von weiser Hand angelegt und wurde gut genutzt.

Ich war nicht allein auf dem Boot, es wurde eigens von einem dafür vorgesehenen Fährmann gesteuert, der auch Mitglied des Ordens war. Es war eine besondere Aufgabe, auf die großen Wert gelegt wurde. Die Fährleute waren sehr verschwiegen und jede Fahrt geschah in tiefer Stille, in der die Priester sich auf den neuen Ort einstimmen konnten.

Als ich mich auf dem Boot erblickte, spürte ich, dass mich Kühle umgab. Ich verkörperte hier ganz andere Wesenszüge, als ich sie bisher von mir gekannt hatte. Tatsächlich entdeckte ich Hochmut in mir, ich fühle mich über der Bevölkerung stehend und war mir meines besonderen Ranges mehr als bewusst. So hatte man es uns von Anbeginn an in diesem Orden gelehrt. Es gab eine strikte Trennung zwischen den Priestern und der Bevölkerung. Wir waren angehalten, keinen Austausch mit Menschen aus der Bevölkerung zu pflegen, und lebten ganz unter uns, in unserer eigenen Welt.

Es war eine Zeit des Wohlstands für diese Priesterschaft. Die Tempel und alles, was dazu gehörte, wurden reich verziert. Die Wissensschätze und Reichtümer wurden innerhalb der Priesterschaft gehalten und was die Bevölkerung erwirtschaftete, wurde zu einem Teil an uns abgegeben. Unser Geist ließ gar keinen anderen Gedanken mehr zu, so sehr waren wir von unserer vermeintlichen Überlegenheit überzeugt. Auch die ehemals schlichteren Tempel, deren wahrer Schatz ihre reine, erhellende Energie war, wurden geschmückt und mit Malereien versehen. Wir fühlten uns machtvoll und geehrt, der Priesterschaft anzugehören. Erstmals sah ich mich in dieser Rolle nun von außerhalb. Ich erkannte mich selbst kaum wieder. Die ablehnenden Gefühle elitärer Ausgrenzung hatte ich *hier* erlernt, sie waren nicht Teil meiner ursprünglichen Gesinnung. Sie waren wie ein Gift, das sich um meinen Körper und mein Bewusstsein gelegt hatte.

Unsere Körper erstrahlten in oberflächlichem Glanz, aber ich konnte nun erkennen, dass dieser Zustand nicht echt war. Er beruhte nicht auf einer Verbindung mit dem Quellbewusstsein, sondern wurde unter großer Anstrengung und durch magische Rituale aufrechterhalten. Es war, als täuschte eine äußere Schicht von uns Gesundheit und Schönheit vor, während sich darunter alles in einem dunklen Verfall befand. Ich fühlte mich mächtig und herrschend, doch waren mir Gefühle von Leichtigkeit und Quellverbundenheit dort nicht bekannt. Ließe ich die angestrengte Fassade fallen, so würde ich einen schnellen Verfall erleben. Meine Gefühlswelt war nicht ausgeglichen, sie hielt sich mit wenig Freude nur in einer missbrauchten Macht. Diese Macht hielt alles zusammen, doch der Preis war sehr hoch. Es war eine künstliche Fassade, die schon bei der geringsten Veränderung der Rituale schnell dem Untergang anheimfallen würde. Mein Sein war nicht auf Erfüllung und Glück ausgerichtet, einzig das Verlangen nach Macht trieb mich zu immer weiteren Leistungen an. Dieses Gefühl war das Einzige, an dem ich mich dort festhielt, weil ich nichts anderes kennengelernt hatte. Es zehrte meine ganze Lebensenergie auf.

Das waren also die Geheimnisse, die wir in jener Priesterschaft für uns behielten. Sie sollten nicht mit der Bevölkerung geteilt werden. Diese sollte einfach glauben, dass das bestehende Machtgefüge der normale Wert der Gesellschaftsklassen war. So sehr es mich auf dem prachtvollen Boot auch umtrieb, erfüllte es mich doch mit einem kontrollierend machtvollen Gefühl, das ich so schnell nicht wieder erleben wollte. Ich konnte nach den Sternen greifen und hatte das Gefühl, als besäße ich sie. Aber meine Kraft reichte nicht in die Tiefe. Alles, wonach ich griff, enthielt lediglich den Schmutz einer vergifteten Anschauung. Ich empfand Macht als angenehm, denn ich kannte nichts anderes. Aber hier verbarg sich etwas! Aus diesem Blickwinkel heraus betrachtet war sie eine starre Hülse, die mich in einer inneren Stagnation hielt. Ich konnte das Leben einfach nicht frei fließen lassen, sondern war abhängig von äußeren Ritualen und Anstrengungen.

Ich war derart geprägt, dass ich es aus eigener Kraft nicht mehr durchschaute. Tief unter alledem befand sich eine große Leere, die ich gut verdrängt hatte. Mein wahres Wesen hatte sich in die hintersten Winkel meines Seins zurückgezogen. Aus meinen Augen blitzte lediglich Macht, aber nicht das leuchtende Strahlen eines liebenden Seins. Wir dienten mit einer inneren Leere den prachtvollen Ritualen ... und sie dienten uns.

Es war eine machtvolle Epoche und sie demonstrierte das Gesicht einer Macht in Abwesenheit der wahren Göttlichkeit und Liebe.

Ich sah uns mit Schlangengift wirken, auch Schlangeneier spielten in den Ritualen eine große Rolle. Wir nutzten die

Kraft von Kristallen und kristallenen Spiegeln, um Kräfte zu verstärken, und sprachen rhythmische Formeln. Wir konzentrierten unsere Kundalini-Energie in unserem Dritten Auge und zwangen Objekten wie Wesen unseren Willen auf. Wir waren in der Lage, ahnungslose, unbewusste Menschen zu beeinflussen und sie nach unserem Willen zu lenken. Sie erfüllten unsere Wünsche, ohne dass sie es merkten. Wir konnten sie fast wie Puppen steuern.

Untereinander waren unsere Kontakte begrenzt. Es gab keinen Gefühlsaustausch zwischen uns. Alles, worüber wir sprachen, diente der Priesterschaft und bestätigte unser Wissen und unsere Macht. Wir sprachen über neue Vorhaben und wie wir noch mehr Energien manipulieren könnten.

Ich meditierte viel mit einem roten Kristall, der an meinem Stirnband befestigt war. Er diente dazu, große Kraft in mein Drittes Auge zu lenken. Dadurch konnte ich mit meinem Willen sehr gut Menschen steuern, die uns vollständig versorgten. Für uns waren sie nur ausführende Objekte. Wir waren unserer Ansicht nach die einzig wertvollen Wesen. Starb einer von uns, wurde er ersetzt. Wir lebten in unserer ganz eigenen Welt.

Paarbeziehungen gab es kaum. Es waren keine liebevollen Beziehungen, sie waren lediglich auf den Zweck des Machtaufbaus in den Energiefeldern ausgerichtet. Ich pflegte keinerlei Beziehungen dorthin. Auch ängstigte mich die Sexualität ohne Herzensbezug, und daher verpflichtete ich mich eher dem sorgfältigen Studium der Symbole, Riten und Abläufe. In die Symbole wurden Wissen und Zugänge codiert, die uns in verschiedenen Abschnitten des Studiums energetisch in die Knochenhaut eingeprägt wurden. So sollte gewährleistet werden, dass wir sie auch in unsere nächsten Leben mitnehmen würden. Derartige Einprägungen wurden in früheren Epochen Ägyptens und selbst in Atlantis praktiziert, aber es wurden keine überzeugenden Symbole verwendet, es waren eher freie Lichteinprägungen, die sich von selbst auflösten, wenn die Schüler bestimmte Entwicklungsgrade integriert hatten. Die manipulativ belegten Symbole sollten allerdings erhalten bleiben und können später als Begrenzung des Seins erlebt werden. Es war notwendig, sie in den weiteren Leben durch Erkenntnis und Absicht energetisch wieder aufzulösen.

In der Zeit dieser dunklen Priesterschaft hatten sich die Priester bereits sehr weit von wahrer Erleuchtung entfernt und sich den Machtspielen der Trennung verschrieben. Erst jetzt konnte ich erkennen, wie sehr dieses Vorgehen von Verlustängsten geprägt war. Wäre ich mit meiner natürlichen Göttlichkeit verbunden gewesen, so hätte mir Wissen, für das ich bereit war, jederzeit frei zur Verfügung gestanden.

Ich erkannte den engen Kokon der Priesterschaft und streifte ihn nun ab. Ich wollte mich wieder für unbegrenztes Wissen öffnen, das der Lebendigkeit, der Liebe und Freiheit meines wahren Wesens diente. Ich erkannte, dass mir diese Erfahrung tiefen Einblick in eine missbräuchliche Nutzung der Macht gegeben hatten. Sie sollte mich lehren, meine Eigenverantwortung anzunehmen, so dass mir meine Herzensgefühle wieder den Weg weisen konnten.

Erst hier konnte ich wahrhaftig spüren, welcher Richtung ich vertrauen durfte. Diese Erfahrung sollte mir, trotz ihrer Schatten, später auch noch gut dazu dienen, meinen Herausforderungen nicht auszuweichen.

Dies war nur eine der Priesterschaften, die über ganz verschiedene Zeitepochen entstanden und auch wieder vergingen, und es gab auch andere, die eine rein göttliche Ausrichtung unterstützen, noch über unverfälschtes Wissen und ein reines Herz verfügten. Manche Priesterschaften befassten sich mit den Essenzen der Elemente und eine dieser Schulen besuchte ich damals ebenfalls.

Es war in einer sehr frühen Zeit Ägyptens und hier war alles dem Licht der göttlichen Wirklichkeit sehr viel näher. Das begrenzte Ego, das aus Trennung und Verletzung entstanden war, stand hier noch nicht im Vordergrund. Es gab Tempel der Elemente und wir erkundeten deren besonderen Kräfte und Einwirkungen auf unsere Psyche, auf den Planeten wie auch auf unsere Körper. Die Tempel waren von wundervollen Energien erfüllt, die unsere Höherschwingung unterstützten. Sie enthielten keine prunkvollen Verzierungen, sondern glänzten durch Reinheit und Wahrheit. Das Wissen wurde dort mündlich und durch Erfahrungen vermittelt, es wurden so gut wie keine Aufzeichnungen hinterlassen, denn es lebte in den Herzen und erlangten Bewusstseinserweiterungen der Schüler weiter.

Auf diese Weise konnten sie später auch andere in derartige Öffnungen begleiten. Alles theoretische Wissen wäre nur eine Hülse und würde erst durch die eigene Erfahrung zu einem integrierten Bestandteil des Seins.

Das Element Feuer erkannte ich auf verschiedensten Ebenen wieder. Alle Elemente schwangen in unterschiedlichen Dimensionen und stellten sich in anderen Realitätsebenen anders dar als auf der Erde. Und so erfassten wir ihre reine Kraft, unabhängig von ihrem äußeren Erscheinungsbild und ihrer Auswirkung in der materiellen Welt. Das Feuer war mir von allen am liebsten. Tief in ihm fand ich eine angenehme Sanftheit, die schöpferische Impulse kommunizierte. Seine Schwingung trug schöpferische Freude in sich. Es war in der Lage, alles zu klären und einen reinen, neutralen Boden für neue Schöpfungen zu bereiten. Ich fühlte mich sehr zu diesem Element hingezogen.

Das Element Wasser war mir dort nicht sehr vertraut und sollte zunächst eher für ein verstörendes Erlebnis sorgen. Die Schwingung des Wassers sollte uns lehren, unsere Gefühle völlig auszugleichen. Wir lernten, diese in das Wasser auszuschwingen und eine Neutralität in uns zu erzeugen, die uns erlaubte, frei von Angst zu sein. Doch die Übung in einem der Wasserbecken endete ganz anders als erwartet.

Während ich damit beschäftigt war, meine Gefühle in das Wasser auszuschwingen, geriet ich in eine derartige Selbstvergessenheit, dass ich dabei einfach unter Wasser glitt und ertrank. Es war ein ganz leichter Tod, es gab keinen Kampf. Ich registrierte nicht einmal den genauen Moment, als ich meinen Körper verließ. Während meine Seele die Verbindung zu meinem Körper bereits losließ, hatte ich es immer noch nicht begriffen. Ich spürte keinen Atemreflex und keine Angst zu ertrinken. Wie leicht es doch war, ich glitt einfach hinaus. Erst dann erkannte ich, was geschehen war.

Ich nahm plötzlich meinen Körper von außen wahr und bemerkte, dass es keine Rückkehr mehr gab. Mein Körper war leblos und ließ mich nicht mehr hinein. Ich war entsetzt und nahm Trauer aus diesem Leben tief in mir mit. Meine Angst, mich selbst zu verlieren, wurde hier verstärkt. Ich sollte viele weitere Leben dafür benötigen, um dieses Erlebnis wieder zu heilen und sorgsamer mit mir umzugehen.

Lemurien – im Tempel der Delfine

Wie anders war doch die Zeit in Lemurien. Hier konnte ich wahre Lebensfreude verkörpern und sämtliches Erleben erschien mir stets freudig und sonnig erfüllt. Die Tage waren von einem erfüllenden Lebensgefühl getragen und es gab ständig neue Dinge zu entdecken. Es gab dort nichts, was getan werden *musste*. Ganz im Gegenteil, das Leben wollte einfach erlebt werden, es war eine überwältigende Freude, sich auf der Erde auszuprobieren und Neues zu entdecken.

Wir betteten göttliche Kräfte in die Erde ein und genossen die pralle Fülle des Planeten bis unter die Haut. Unser Inneres war mit dem äußeren Erleben vollständig im Einklang. Wir ließen jeden Moment einfach zu uns kommen, sahen, was er uns schenkte, und lebten es aus.

Da unsere Gedanken und Gefühle mit unserem Herzen im Einklang waren, wurden uns fortlaufend förderliche, glückliche Momente beschert. Ein jeder Morgen war von großer Vorfreude auf den Tag getragen.

Wie reichhaltig und farbig die Landschaften dort waren. Es gab eine in vielen Bereichen des Kontinents ausgesprochen üppige Vegetation und wir lebten ganz selbstverständlich mit den Tieren wie auch mit Engelwesen zusammen. Seelen in ihrem Engelzustand tauchten immer wieder in unseren Gemeinschaften auf, um das irdische Leben zu studieren, und wir konnten die feinstofflichen Dimensionen in der frühen Zeit Lemuriens noch zugleich mit der festen Materie wahrnehmen. Die Engel halfen uns, die hohe göttliche Verbindung im Körper zu erhalten und nutzen zu können.

Meine ganze Liebe galt hier den Delfinen. Ich liebte diese wundervollen Wesen, die Wissen aus den hohen Dimensionen hielten. Ihre Herzensschwingung war stark ausgeprägt, sie verkörperten ganz besondere Facetten der Liebe und der Gemeinschaft. Sie galten uns als besonders heilig und es war mir eine Ehre, mich intensiv mit ihnen zu beschäftigen. Voller Freude besuchte ich sie jeden Morgen. Wir tauschten uns telepathisch aus und auch sie waren intensiv mit ihrem höherdimensionalen Bewusstsein verbunden. Im Laufe ihrer vielen Inkarnationen sollte diese Verbindung später weiter in den Hintergrund treten, doch hier war sie noch umfassend zugänglich.

Ich glitt schwerelos mit ihnen durch das Wasser und beobachtete ihre unbefangenen Tänze. Sie schwammen zu dritt oder zu viert nebeneinander und zogen mit ihrer großen Gruppe in langen Kreisen durch die Bucht. Ich konnte immer nur ein Stück mit ihnen mithalten, denn sie schwammen auch im Ruhezustand deutlich schneller als ich, und wenn die ersten dann fort waren, tauchten bereits die nächsten Delfine unter oder neben mir auf. Ich werde nie den Blick in ihre liebevollen und neugierigen Augen vergessen, die mich im Innersten erkannten.

Die Delfine erleichterten mir den noch ungewohnten Aufenthalt in einem festen Körper und gaben mir ein Gefühl großer Leichtigkeit und Eleganz zurück. Wenn ich mit ihnen schwamm, war ich schwerelos und gab mich ihren unbefangenen Tänzen hin. Wir schwebten anmutig durch das Wasser, ihre Gesänge berührten mein Herz und öffneten es für höhere Dimensionen. Die Klänge legten Bewusstseinskanäle in mir frei und so war ich regelmäßig mit einer hochdimensionalen Ebene von geistiger Reinheit verbunden.

In den höheren Dimensionen hatten die Seelen der Delfine keine tierische Form, sondern erschienen als grazile, sehr große und feingliedrige Wesen. Menschenähnlich aufrecht mit Armen, Beinen, Hals und Kopf, doch nur mit sanft angedeuteten Gesichtszügen. Ihr Bewusstsein befand sich hier in einer hohen kosmischen Verkörperung und half dabei, göttliches Licht in die verschiedenen Wirkungsebenen der Formen zu schwingen. Göttliche Ordnung strömte durch ihr Bewusstsein in die Welten.

Ihre Gesänge hielten mich in einem innerlich fließenden Zustand. Die glockenhellen Klänge halfen mir, in einem ständigen, hochschwingenden Zustand zu bleiben. Sie verhinderten Dysbalancen in meinen Gefühlen und Gedanken, durch die sich die feinsten Lichtteilchen meines Körpers hätten verdichten und Schwere erschaffen können. Diese Zusammenhänge vermittelte ich den Menschen in Lemurien. Ich studierte diese spezielle Verbindung und zeichnete viel Wissen über sie auf. Vor allem aber schenkte sie mir eine freie, unbelastete Herzensschwingung, die mir in weiteren Leben noch gut dienen sollte. Meine feinen Herzenskristalle blieben in ständiger Bereitschaft, göttliche Impulse und Informationen zu empfangen. Ich schwebte in der lemurischen Zeitlosigkeit und war einfach nur glücklich. Dort lernte ich auch, Botschaften und Informationen in andere Welten zu kommunizieren. Die Delfine hielten Lichtkanäle offen, die einen Austausch mit höheren Dimensionen gewährleisteten.

Auch in Lemurien nahm ich mich nicht in einer Partnerschaft wahr. Jeshua hatte Recht, ich hatte einige Leben geführt, in denen ich ganz selbstvergessen nur für mich gelebt hatte. Ich verspürte keinerlei Sehnsucht nach engeren Beziehungen oder Familienkontakten. Sie fehlten mir ganz einfach nicht, ich war durch die Hingabe an meine Tätigkeiten vollkommen erfüllt. Es gab einen Teil, der nicht bereit war, sich für ein anderes Individuum zu öffnen. Ich war nicht bereit, zu viel von mir preiszugeben und zu teilen.

Als es mir in meiner Innenschau nun selbst auffiel, versuchte ich es zu erkunden. Ich bemerkte schnell, dass ich Angst hatte, mein Sein nicht zusammenhalten zu können, wenn ich mich anderen Menschen öffnete. Ich hatte Angst, dass ein anderes Wesen mich ganz und gar vereinnahmen und ich mich dabei selbst verlieren könnte.

Welch ein interessanter Einblick! In dieser Phase meines Erwachensprozesses kehrten weitere vergangene Leben in mein Bewusstsein zurück. Sie gewährten mir Einblicke in die wichtigsten Lehren, die ich gezogen hatte, und rundeten den tieferen Kontakt zu mir selbst ab. Alle meine Fragen, warum welche Ereignisse entstanden waren, beantworteten sich durch diese Einblicke. Ein jedes Leben ließ mich mehr von der umfassenden Göttlichkeit begreifen.

Diese Leben konnten sich erst jetzt wieder integrieren. Es war wie ein letztes Verstehen, das noch notwendig war, damit sie wieder im Einklang mit mir waren. Manchen von ihnen konnte ich noch nicht vollständig vergeben, wie der dunklen Priesterin, das bemerkte ich deutlich. Schuld- und Schamgefühle waren von dorther noch übrig und ich verurteilte mich selbst dafür. Solange ich nicht fähig war, auch sie liebevoll anzunehmen, konnte ich ihre Weisheit nicht nutzen, und ihre Essenz schwang weiterhin außerhalb von mir.

Der Kontakt zu meinen hohen Herzensfacetten im Tempel der Delfine erleichterten mir hingegen den Umgang mit meinen noch verletzen Seinsanteilen. Ich konnte spüren, dass meine Herzenskristalle in Lemurien ganz frei schwangen und einen aufbauenden Fluss erzeugten. Dadurch war ich fähig, alles ohne Bewertung zu lieben. Hier gab es kein Gut oder Schlecht, nichts wurde ausgeschlossen.

Jeder Moment, der kam, wurde einfach angenommen, geliebt und gelebt.

Wir waren in Lemurien vollkommen selbstverständlich in ein achtsames Miteinander eingebettet. Ich war fähig, die Liebe in allen Erscheinungsformen zu fühlen, und dadurch direkt in das Herz der Schöpfung zu blicken. Hier war alles in der göttlichen Ordnung und mein Leben war vollkommen im Fluss.

Lemurien war eine faszinierend ursprüngliche, leichte und unbedarfte Zeit. Wir lebten unsere göttliche Leichtigkeit und alle Wesen pflegten einen von Liebe und Achtsamkeit geprägten Umgang miteinander.

Erinnerungen als Kind und junges Mädchen in Lemurien stiegen in mir auf. Wir konnten Kristalle durch Lichtbündelung in unseren Händen erschaffen. Sie befanden sich in einem Zustand zwischen reinem Licht und fester Form. Wir konnten Gefühle und Informationen in diesen Kristallen speichern und in unserer Jugend war es uns eine große Freude, uns damit gegenseitig zu beschenken. Manchmal gaben unsere Eltern uns Kristalle mit und speisten ihre Liebe hinein. Manchmal auch wichtiges praktisches Wissen, wie wir uns beispielsweise bei einem Ausflug in die dschungelartigen Gebiete verhalten könnten. Wir tauschten auf diese Weise viele Erfahrungen untereinander aus. Wir lachten gemeinsam, wenn wir die Gefühle unserer Freunde in den Kristallen spürten und nachempfinden konnten.

Als ich alt genug wurde, um mich zu verlieben, beschenkte mich ein älteres Mädchen mit einem Kristall, in dem sie die Gefühle ihrer ersten Begegnung mit ihrem Partner hinterlegt hatte. Wie wundervoll es sich anfühlte, welche zarten Bande dies waren. Manche Kristalle enthielten die tiefsten Gefühle unserer Freunde für uns und ich trug einen, von meiner besten Freundin, lange Zeit ganz nahe an meinem Herzen. In meinem jetzigen Leben erkannte ich sie erneut als eine enge Vertraute an meiner Seite wieder.

In Lemurien fühlten sich die Menschen niemals allein und diese Kristalle hatten in einer langen Epoche einen großen Stellenwert. Wir erlernten einen achtsamen Umgang in und mit der festen Form. Wir erschufen alles in gegenseitiger Wertschätzung und stets zum Wohle aller. In unserer inneren Haltung war alles mit der Liebe im Einklang. Kein Gedanke, keine Handlung war je darauf ausgelegt einem anderen Nachteil zuzufügen oder gar zu schaden. Diese Betrachtungsweise war in unserem dortigen Bewusstseinszustand nicht vorhanden.

Neben Lemurien erblühte später ein weiterer Kontinent: Atlantis. Hier kam es in der späteren Zeit erstmals zu Machtmissbrauch und dem Entstehen von Ausbeutung und Sklaverei auf der Erde. Die Menschen entfernten sich von dem einst blühenden Leben in ihrer eigenen Schöpferkraft und wurden zu Schatten ihrer Selbst. Sie unterwarfen sich der Kontrolle weniger Machthaber und hier entstanden erstmals starre Konzepte von Arbeit, Kampf und Anstrengung, um überleben zu können. Das einst hohe Bewusstsein fiel in niedere Zustände. Die Menschen konnten ihre Schöpferkraft, die ihre Bedürfnisse ganz selbstverständlich erfüllte, nicht mehr nutzen, denn sie fielen aus diesem erhöhten Bewusstseinszustand heraus.

Dennoch wurde mir an dieser Stelle auch bewusst, dass gerade die Inkarnationen in Zeitaltern der starken Trennung des Menschen von seiner Göttlichkeit eine ganz besondere Schönheit und Tiefe in unseren Herzen hervorbrachten, die wir in Lemurien noch nicht kannten.

9

Der Meister des weißen Flusses

»Die Dunkelheit ist ein Ausdruck des Unbewussten und Abgelehnten. Sie nimmt alles an, wofür die Menschen ihre schöpferische Verantwortung noch nicht übernommen haben.«

Partnerschaft

Liebesbeziehungen waren in vielen meiner Erdenleben von großer Zurückhaltung und Vorsicht geprägt. Ich wagte es nicht, mich auf einen Partner einzulassen, denn ich wollte mich nicht verlieren oder von jemand anderem abhängig sein. Dadurch nahm ich mir in so manchen Leben einige schöne Erfahrungen. Nur wenige Male ließ ich mich auf einen Partner ein und meistens auch nur für kurze Zeit, bevor ich mich wieder entzog.

Zu Jeshua war die Verbindung von Anfang an anders. Wir verabredeten uns für gemeinsame Leben durch viele Zeiten und Dimensionen hindurch. So konnten wir unseren Tanz in der Unendlichkeit um eine Fülle von gemeinsamen Erfahrungen bereichern.

Als ich mich mit der Frage beschäftigte, was uns eigentlich so eng verband, erhielt ich einen Einblick in eine erhöhte Dimension unserer Existenz. Wir schwangen als Lichtwesen in einem zeitlosen Raum und unsere Essenzen umspielten sich. Wir hielten uns in den Armen und tanzten durch die Ewigkeit. Unsere Lichtmuster drehten sich ineinander und stiegen in immer höhere Ebenen auf. Dort, wo sie sich berührten, erschufen sie etwas Neues und wir hinterließen eine spiralförmige Spur aus funkelndem Licht, in der wir uns in immer höhere Dimensionen erhoben. Jeder erlaubte dem anderen, ihn in all seinen Lichtmustern und Potenzialen zu erfassen, dies erschuf größtes Vertrauen. Wir lebten diese innige Verbindung in immer wieder neuen Lebenszeiten, neuen Schöpfungswelten und unter den verschiedensten Bedingungen.

Wir kamen auch mit vielen anderen Seelen in Berührung und lebten Erfahrungen mit ihnen, denn auch dies war wichtig für unser Wachstum.

Auf der Erde sind Jeshua und ich uns nur in wenigen Lebenszeiten begegnet. Im Tanz der Ewigkeit schien die Trennung auf der Erde lediglich ein kurzes Zwischenspiel zu sein und schenkte doch wichtige neue Erfahrungen. Obwohl unsere Verbindung sich in einem menschlichen Bewusstsein ohne Erinnerung oft schmerzhaft anfühlte. Ich erlebte Zeiten, in denen mich eine unerträgliche Sehnsucht nach einem unbekannten Partner antrieb und gleichzeitig hatte ich Angst, mich wirklich dafür zu öffnen.

In mir existierte die Erinnerung an eine vollkommene Partnerschaft, wie ich sie in den höheren Dimensionen erlebte. Ich wusste, dass mich jegliche Gemeinschaft auf der Erde bereichern würde, dennoch war ich zurückhaltend, denn es kam meinem Idealbild nicht gleich. Es hat viele Leben gedauert, bis ich diese Grenze für mich öffnen konnte und mich endlich sicher genug fühlte.

Immer wieder zog ich schwierige Begegnungen mit Partnern an, selbst wenn sie mein Bestes wollten. Ich erzeugte ein Ungleichgewicht durch meine Zurückhaltung und forderte die Menschen dadurch regelrecht heraus, meine Schutzschilde zu durchbrechen, wobei sie mich einfach verletzen mussten.

Ich hatte einige Widerstände aufgebaut und mir viele freudige Erfahrungen auf der Erde verwehrt.

In diesen Konflikten gefangen zweifelte ich alles an und wollte mich in so manchen Leben nur schnellstmöglich wieder aus meinem Körper befreien.

Auf einem Höhepunkt meiner Frustration wählte ich dann eine Inkarnation als Vogel, um mich auszugleichen und etwas anderes kennenzulernen. Ich lebte ein Leben als wunderschöner weißer Tropenvogel in einem warmen Regenwaldgebiet am Amazonas, mit einem zauberhaften Partner.

Ich liebte die Anmut des Vogelwesens und ging ganz in ihr auf. Ich liebte es, gemeinsam mit meinem Partner auf einem großen Baum zu sitzen und den Sonnenuntergang zu betrachten, während wir bei Sonnenaufgang nach Futter suchten. Wir flogen weit über Land und Gewässer und fühlen uns der Sonne so nahe. Unsere Herzen schwangen in einem gemeinsamen Rhythmus und es war eine angenehme Erholung von meinen schwierigen menschlichen Inkarnationen.

Ich lernte, mich dem sanften Vogelflug hinzugeben. Hier fiel es mir ganz leicht, mich zu öffnen, die Leichtigkeit des Fluges brachte mich in eine veränderte Wahrnehmung. Hier setzte ich der Liebe und Partnerschaft keine Widerstände entgegen. Vom Wind getragen lernte ich wieder zu vertrauen. Während ich flog, spielte nichts mehr eine Rolle. Es gab nichts, was gesucht oder erfüllt werden müsste. Ich war eins mit dem Wind und der Sonne. Ich ließ mich einfach tragen. Meine Flügel passten sich ganz selbstverständlich den Strömungen des Windes an und ich lernte loszulassen.

Wenn ich von einem Flug in unseren gemeinsamen Baum zurückkehrte, wartete mein Partner stets auf mich und ließ mich sicher ankommen. Wir hatten nur wenige Nachkommen, aber das spielte in jenem Leben keine Rolle. So konnte ich mich ganz auf mich und meinen Partner konzentrieren. Ich lernte zu vertrauen und geschehen zu lassen.

Diese Erlebnisse sind sehr tief in mein Herz eingeprägt und ich nahm ihre wundervollen Essenzen mit in meine menschlichen Leben hinein.

Danach verbrachte ich ein erfülltes Familienleben in einem kleinen Fischerdorf an der Küste Frankreichs. Mein dortiger Mann und ich waren ein sehr harmonisches Paar. Wir zogen zwei wundervolle Kinder groß und unsere Beziehung war von gegenseitiger Liebe und Achtung geprägt. Auch diese Erfahrung ließ meine Herzensfacetten weiter aufscheinen. Jede einzelne Erfahrung war wichtig und selbst die gelebte Einsamkeit vervollständigte mein inneres Bild und verlieh meinen Herzensgefühlen eine besondere Tiefe und Wertschätzung.

In der Rückschau auf jene Leben merkte ich, wie sehr mich meine bedürftige Sehnsucht verengt hatte. Auf der Ebene der Einheit waren wir bereits mit allem verbunden. Ich löste meinen Fokus und erlaubte mir, mich weiter zu öffnen.

Mit der Zeit lernte ich alle menschlichen Erfahrungen zu lieben, sie nicht mehr zu verurteilen und kam in völligen Frieden mit ihnen. Es war sehr viel leichter, sie mit dem Abstand eines befreiten Geistes zu betrachten. In schmerzhaften Leben, in einem begrenzten Fokus gefangen, wünschte ich mich oftmals verzweifelt an das Lebensende, weil ich die unerfüllte Sehnsucht kaum ertrug. Dabei versäumte ich wirklich zu leben und das Beste aus jedem Moment zu schöpfen. Ich erkannte dort nicht, dass ich mich in Wahrheit nach einer Vervollständigung in mir selbst sehnte.

Durch schmerzhafte Erfahrungen auf der Erde hatten sich so viele Anteile von mir abgespalten, die ich schmerzlich vermisste. Sie waren das wahre Ziel meiner Sehnsucht. Der Aufstiegsprozess würde diesen Zustand wieder umkehren. In ihm geschah eine umfassende Integration aller Leben und Seinsanteile, denn erst in diesem Zustand würde sich unser Lichtkörper offenbaren.

Ein Aufgestiegener Meister erlebte sich in einem vollständig integrierten Sein, verbunden mit seiner Göttlichkeit und Schöpferkraft, und erschuf in jedem Moment sein Leben zu seinen höchsten Freuden!

Und so lernte ich, mich in den Moment hinein zu öffnen und jeden Einzelnen als den wertvollsten zu erachten. Als ich dies endlich zulassen konnte, kam ich wieder mit Gefühlen von Erfüllung in Kontakt, ganz gleich was ich gerade erlebte. Es benötigte das Studium mehrerer Inkarnationen, um dies zu erreichen, und ich werde nie vergessen, wie sehr mir das Leben als Vogel dabei half. Ich verinnerlichte das Vertrauen, dass in jedem Moment stets das Beste für mich geschehen würde. Keine meiner Erfahrungen geschah ohne Grund und brachte mir ihre einzigartigen Geschenke.

Während mancher Leben hatten Jeshua und ich nur einen indirekten Kontakt. Manchmal weilte einer von uns in einem menschlichen Körper und der andere in höheren Dimensionen. In manchen Leben besuchte er nur meine Träume und auch ohne direkte Erinnerung fühlte ich mich nach solchen Träumen auf wunderbare Weise erfrischt, voller Hoffnung und Freude auf neue Erlebnisse. Einmal sah er mir als Bettler in die Augen, ohne dass sich unsere Lebenswege zu jener Zeit weiter kreuzten. Manchmal tauchte er für einen Moment in die Körper von Tieren ein, um mir eine Begegnung zu schenken. Die Seelen der Tiere überließen ihm für einige Augenblicke ihre Körper. Wenn seine Seele dann kurz in sie hineinschlüpfte, fühlte ich mich von ihren Blicken ungewöhnlich tief berührt und wusste nicht warum. Auf diese Weise begegneten wir uns immer wieder auf der Erde, wenn auch nicht im direkten Zusammenleben.

In unserem jetzigen Leben, als Maria Magdalena und Jeshua, war es anders. Dieses Leben hatten wir uns gemeinsam geschenkt, denn wir hatten genügend andere Erfahrungen gesammelt. Hier vervollständigte sich unsere Beziehung nun um die erworbenen Weisheitsfacetten aus unseren vergangenen Leben. Wir brachten erweiterte Aspekte des Vertrauens, der Herzenstiefe, der Meisterschaft, der Erleuchtung in einem menschlichen Körper und viele andere Dinge hinein.

Die Ausdehnung des Bewusstseins war ohne Ende und Begrenzung. Ein immerwährender, erfüllter Tanz in der Ewigkeit. Auf jedem Spiralschwung der Erfahrungen wurden Potenziale ausgelebt und gebaren immer weitere aus sich selbst heraus. Es gab keine Grenzen, keine Vorgaben für Erfahrungen, nur unendliche Möglichkeiten. Es gab keine Fehler und keine vergeblichen Erfahrungen. All das gab es einfach nicht.

Weitere Erinnerungen an Ägypten

Die Inkarnationen in Ägypten sollten sehr besondere Erfahrungen für uns bleiben, sowohl für Jeshua wie auch für mich. In kaum einem der Erdzeitalter waren wohl intensivere spirituelle Erlebnisse an der Grenze zwischen Licht und Dunkelheit möglich als dort. Ägypten vereinte beides und so existierten viele Schriftrollen über manipulative Rituale und Zeremonien, gerade aus der späteren Zeit des Landes. Der Geist der Priester war dort nicht erleuchtet, aber die Priester waren noch mit Wissen aus früheren Epochen wie auch aus der Zeit von Atlantis beschenkt und daraus formte sich eine ganz eigene Richtung. Vor allem versuchte man Grenzen zu erforschen und zu überwinden.

Man erahnte eine Grenzenlosigkeit des Geistes, konnte sie jedoch nicht mehr selbst erleben. Die Priester waren in der willentlichen Lenkung von Energien geschult und so war es einigen tatsächlich möglich, Leben manipulativ zu verlängern, indem sie Lebensenergie von anderen Menschen oder Tieren stahlen und sie auf einen Körper übertrugen. Es waren sehr gewagte magische Spiele innerhalb der Begrenzungen des menschlichen Geistes und sie kreierten ein großes Verstrickungsfeld des Karmas, der Abhängigkeiten und Schuldgefühle.

Angetrieben waren diese Versuche von der tiefen Sehnsucht, zur Unsterblichkeit zurückzufinden, doch der Geist war noch in der Vorstellung der Endlichkeit gefangen. Es wurde nicht ganz verstanden, dass es in Wahrheit die Suche nach der Ewigkeit des Seins war. Dies war jedoch ein Bewusstseinszustand und er war nicht durch eine Verlängerung der Lebensspanne des irdischen Körpers zu erreichen. Dennoch bewegten sich auch viele lichte spirituelle Erfahrungen durch diese Zeiten.

Manchmal tauschten die Priesterschaften Wissen untereinander aus oder Schüler einer Gemeinschaft verbrachten Zeiten in einer anderen Gruppe. Das Wissen befand sich in regem Austausch und ständiger Erweiterung. Wahre Erfüllung ließ sich hier jedoch nicht finden, da sich die Rituale in der Begrenzung abspielten. Dennoch war die Zeit wichtig, um die entstandenen Grenzen weiter aufzulösen und Licht und »Dunkel« wieder zu verbinden.

Es gibt noch heute viele unentdeckte Kammern unter dem Land des alten Ägyptens. Sie enthalten neben metaphysischen Lichtkristallen auch alte Schriften, die sogar in der heutigen Zeit noch gut erhalten sind. Sie sind fast unmöglich zu übersetzen, da viele Priesterschaften eigene Geheimschriften entwickelten. Jene Schriften wurden dort nicht für die Nachwelt hinterlegt, sondern für die reinkarnierenden Priester, damit das

Wissen innerhalb der alten Gemeinschaft bliebe. Sie enthielten Symbole, die Erinnerungen bei denjenigen auslösen sollten, für die sie bestimmt waren. Diese Menschen würden dann intuitiv in der Lage sein, den Inhalt zu erfassen, den sie einst selbst mitverfasst hatten. Darin lag Eigennutz; die mystischen Forschungen der späteren ägyptischen Epoche waren nicht vom Allgemeinwohl angetrieben.

Zu jener Zeit lernte man auch die Energiekreisläufe des Körpers wieder besser zu verstehen. Nur wenigen gelang es, sehr hohe Dimensionen wahrzunehmen. Auch die meisten außerkörperlichen Reisen bewegten sich auf der Traumebene oder in bestimmten Ebenen des Jenseits. Die Essenz dieser Epoche Ägyptens war es, die Grenzen zwischen Licht und »Dunkel« überhaupt zu erkennen und sie weiter aufzubrechen.

Dort entstand eine Lehre der Beeinflussung des Geistes wie auch der Körperlichkeit durch Schlangengifte. Für den Körper durchaus heilsam angewendet verhinderten diese Gifte jedoch, dass sich die Priester mit höheren Dimensionen verbinden konnten, denn sie richteten den Menschen auf die Ebene der Tiere aus, von denen das Gift stammte. Eine Einnahme des verdünnten Giftes konnte zu seltsamen Erlebnissen und Träumen führen. Die Probanden sahen archaische Formen und erlebten Gefühle von Urinstinkten, die aus der Welt des Tierbewusstseins stammten.

All das war weit von der wahren Freiheit entfernt, wenngleich es dem Körper vorübergehend helfen konnte.

Es waren alles Spiele innerhalb der Begrenzung und dennoch brachten sie die natürliche Neugier und Begeisterung, wahre Erfüllung zu finden, wieder hervor. Die Epoche hatte genau jene Impulse benötigt, denn nur eine Verbindung von

Licht und »Dunkel« konnte die Entwicklung der Menschheit weiter voranbringen.

Die Dunkelheit war ein Ausdruck des Unbewussten und Abgelehnten. Sie nahm alles auf, wofür wir unsere schöpferische Verantwortung noch nicht übernommen hatten.

In der göttlichen Wirklichkeit existierte keine Dunkelheit. Es gab kein Böse oder Schlecht. Die Dunkelheit war in Wahrheit ein Ausdruck unserer noch nicht angenommenen Göttlichkeit und Qualitäten. Sie war ein Ausdruck der Trennung. Daraus bildeten sich viele Spielarten, in denen auch auf manipulative Weise versucht wurde, in ein erleuchtetes Bewusstsein zurückzufinden.

Die vermeintliche Dunkelheit sammelte alles in sich, was die Menschen an sich verurteilten und ablehnten und was sie doch einst durch ihre Handlungen und Entscheidungen selbst erschaffen hatten.

Auch in anderen Kulturen der Erde versuchten Adepten, das göttliche Licht durch langwierige und strenge Rituale wiederzuerlangen. Sie überluden sich mit zu starken Energien, die ihr Nervensystem nicht verarbeiten konnte, und ließen es oft zu, dass ihre Körper daran verstarben.

Auch Jeshua war in jener dunkleren Zeit der ägyptischen Priesterschaften inkarniert. Wir begegneten uns in zwei unterschiedlichen Schulen. Wir erkannten uns damals nicht. Ich bekam unsere Begegnung bis an mein damaliges Lebensende zwar nicht mehr aus meinem Kopf, konnte sie aber nicht einordnen. Er war dort der Lehrer einer anderen Priesterschaft, die sich mit außerkörperlichen Reisen befasste. Sie experimentierten mit Körpern Verstorbener und versuchten das Licht der Seele künstlich einzufüllen, was jedoch nicht gelang. Sie konnten tatsächlich kurzfristig so starke Energien bündeln, dass ein Körper scheinbar zum Leben erwachte. Allerdings fanden sie später heraus, dass es mehr eine kurzfristige Übertragung des Willens der ausführenden Priester auf den toten Körper war, der kurze Regungen ermöglichte. Es kostete sie sehr viel Lebenskraft und führte zu keinem guten Ergebnis. Partnerschaften unter Priestern verschiedener Schulen waren zu jener Zeit nicht gewünscht und so blieb es bei einer kurzen Begegnung, als ich eines Tages seine Gemeinschaft zwecks eines Austauschs besuchte.

Auch innerhalb meines Ordens waren wir sehr weit von einer wahrhaftigen Verbindung zum göttlichen Bewusstsein entfernt. Wir hatten viele feste Riten, die unbedingt eingehalten werden mussten. Sie gaben uns Strukturen, um uns zu sammeln. In anderen Leben durften wir lernen, sie auch wieder loszulassen, denn sie wirkten einengend. Dennoch besaßen die Abläufe ihre ganz eigene Schönheit. Ich liebte diese Rituale, besonders die Reinigungsrituale begeisterten mich und auch die Verwendung von Kristallen zur Meditation. Ich lernte viel über die vermeintliche Dunkelheit und sah, wie sich manche Priester ausschließlich auf Macht fokussierten.

Sie wollten mit aller Kraft etwas erreichen – wo das Geheimnis doch im Loslassen lag!

Es gab keinen gewaltsamen Weg zur Erleuchtung, nur verschiedene Wege der Erkenntnis, der Reife, der Öffnung und des behutsamen Annehmens.

Ganz besonders liebte ich einen Orden, in dem wir eine reine Frauengemeinschaft bildeten. Hier konnte ich mich zur damaligen Zeit am besten öffnen und wir pflegten nur sehr wenig Austausch mit anderen Gruppen. Kompakte Massen verschiedenster Kräuter in der Ernährung und intensive Baderituale reinigten unsere Körper und erhellten den Geist.

So bin ich in der Erinnerung dieser außergewöhnlichen Leben erstaunt, wie sehr wir doch Kräfte zu nutzen wussten und welche ungewöhnlichen Dinge und Erlebnisse wir kreieren konnten, wenngleich wir der Erleuchtung nicht sehr nahe waren. In der Priestergemeinschaft der Frauen tauschten wir Weisheit auf höheren Bewussteinsebenen aus. Sie waren allesamt Seelen, die bereits viel Wissen in sich trugen. Ich bin auf einer hohen Ebene der Weisheit weiterhin mit ihnen verbunden und auf dieser Ebene begegnen wir uns wieder, entwickeln uns und tauschen uns aus.

Und so endeten meine Leben in Ägypten als eine ganz eigene Erfahrung und ich trug in meinem Rahmen dazu bei, die bisherigen Grenzen des Bewusstseins weiter zu öffnen.

Der Meister des weißen Flusses

Unser leiblicher Sohn Samuel war sehr aufgeschlossen und wissbegierig. Er liebte es, hinter jedem Stein etwas Neues zu entdecken, sein Geist war offen und aufnahmefähig und er entwickelte sich prächtig. Die Menschen unseres Dorfes wunderten sich oft über seine sehr mitfühlenden Ansichten und seinen ausgeprägten Gemeinschaftssinn. Er sollte als Erwachsener einige Schüler unterrichten, die sich ihm anschlossen und seine Lehren in vielen weiteren Leben bis weit in die Zukunft der Erde trügen.

Wir lebten weiterhin unauffällig. Die Dorfbewohner folgten ihren ganz eigenen Vorstellungen vom Leben. Sie realisierten wenig Selbstverwirklichung. Ich hatte bereits seit einigen Jahren nicht mehr unterrichtet und konnte mir genügend Zeit für mich nehmen. Erst einige Jahre später sollten wir diesen Ort wieder verlassen und inzwischen schenkte er mir eine wohlige Geborgenheit.

Eines Tages machte ich überraschend eine neue Bekanntschaft. Auf einem meiner Spaziergänge begegnete mir eines Tages ein Mann mit langem, weißem Haar. Er strahlte zeitlose Weisheit aus und begrüßte mich zu meiner Überraschung mit den Worten, er hätte bereits auf mich gewartet. Sein Zuhause war eine Höhle an einer Küstenlinie, vor der sich ein lichtes Waldgebiet erstreckte. Er fand hier alles, was er zum Leben brauchte, wobei ich wusste, dass er sich eigentlich aus dem zeitlosen Raum versorgte. Sein Körper benötigte keine Nahrung, außer er ließ es zu und begehrte danach. Er war ein hoher Weiser und sein weit geöffnetes Bewusstsein leuchtete durch seine Augen. Er war frei von Identifikationen und Karma und wenn er beschloss, dass er genügend Zeit auf der Erde verbracht hätte, würde er einfach wieder in höheren Dimensionen seiner Existenz zurückkehren.

Er konnte mir andere Zugänge eröffnen als Jeshua und zu jener Zeit war es wichtig für mich, auch noch mit anderen

Impulsen in Kontakt zu kommen. Ich liebte seine tiefgründige Weisheit. Wir philosophierten über das Leben und das hohe Wissen. Er stand telepathisch mit einer Gemeinschaft hoher Weiser im fernen Himalaya in Kontakt und erklärte mir, dies sei einer der Lichtpunkte der Erde, von dem aus Weisheitsimpulse in die Welt gespeist würden. Er sah es als seine jetzige Aufgabe an, den Zugang zum Licht der göttlichen Einheit auf der Erde zu bewahren. Solche Meister wirkten durch alle Zeitepochen im Hintergrund und hielten gewisse Energie- und Lichtfelder auf der Erde aufrecht.

Wenn ich neben ihm saß und er einen anderen Meister kontaktierte, war der metaphysische Raum hinter den sichtbaren Formen lichterfüllt. Die beiden schienen in einem einzigen Licht zu verschmelzen, es gab keine Entfernung mehr zwischen den Gesprächspartnern. Immer, wenn er sich daraus wieder löste, erschien sein Körper erfrischt und das Strahlen, das ihn umgab, währte noch mehrere Stunden. Diese Meister wirkten daran, die Verbindung von Lichtbewusstsein und Körper zu öffnen. Sie leiteten Licht in feste Strukturen des Massenbewusstseins und unterstützen unter anderem auch die allmähliche Verlängerung der physischen Lebensspannen der Menschen.

Ich konnte die Ebene der Weisheit, die diese Meister übermittelten, nur erahnen und dennoch war es mir möglich, Teile davon aufzunehmen. Ich tauchte in seiner Gegenwart stets in die lichte Ebene ein und spürte, wie sie mich veränderte. Seine Ausstrahlung sorgte von selbst dafür, dass alles in mir und meinem Körper begann, sich auszubalancieren.

Ich ließ die Ebene der Einheit, die der Meister verkörperte, einfach auf mich wirken. Allein der Kontakt tat seine Wirkung und ich genoss den Aufenthalt innerhalb der neu ordnenden Frequenzen. Sie erschienen mir zunächst wie ein Fluss aus frischem weißen Licht. Je mehr ich eine innere Balance erlaubte, desto intensiver konnte ich die Einheit allen Seins spüren. Ich erlaubte den Frequenzen, meinen Körper neu zu ordnen. Ich begann das Gefühl der Allverbundenheit stärker zu spüren und begriff die heilige Ausstrahlung des Meisters immer besser. Die göttliche Ebene offenbarte eine überirdische Reinheit und Vollkommenheit, die mich bis ins Innerste berührte und veränderte.

Die Menschen hatten sich so weit von sich selbst, ihren Herzen, ihrer Seele und Lebensfreude entfernt. Da ihre Körper nicht mehr aus der ewigen Kraft ihres verbundenen göttlichen Bewusstseins genährt werden konnten, verbrauchten sie ihre Lebenskraft allmählich – mit jedem Tag und jeder Anstrengung ein Stückchen mehr.

Viele Menschen schulterten schweres Karma und erkannten sich darin selbst nicht mehr wieder. Wie auch, denn es war nicht ihre reine Natur. Ihre Göttlichkeit hatten sie derartig maskiert und sogar verleugnet, dass ihre Seele keinerlei Möglichkeit mehr hatte, die Tür zu ihrem Körper offen zu halten.

Der Meister hatte sich einst selbst für zwei Leben den Erfahrungen der Trennung unterworfen, erklärte er mir. Doch er hatte keinen Entwicklungsweg als Mensch auf der Erde gewählt und ließ keine Identifikation zu, dafür waren seine beiden Leben zu kurz. Es ging ihm nur darum, die Begrenzungen der Menschen besser verstehen zu können.

Er wollte der Rückverbindung der Menschheit zur Quelle dienen und so fiel es ihm leicht, sein erleuchtetes Sein in seinem zweiten Leben wieder zu öffnen. Mit etwa dreißig Jahren bemerkte er, dass sein bisheriges Leben ihn nicht mehr erfüllte, denn für diese Erfahrung war er ursprünglich nicht zu Erde gekommen. Er beschenkte andere Menschen mit seinem Besitz und ließ alles los. Es wäre nicht nötig gewesen, doch er erachtete es als seinen Weg. Die Art des Weges zur Erleuchtung spielte an sich keine Rolle, es gab vielfältige Möglichkeiten.

Er setzte sich in die Wälder und begann nach innen zu spüren. Dann fastete er, um keinerlei Ablenkung von seinen wahren Gefühlen zu haben. Auch dies war seine freie Wahl und keine Voraussetzung. Es erschien ihm zu dieser Zeit als am besten geeignet, um sich selbst unter den äußeren Einflüssen wiederzufinden.

Es war sein Wunsch, ein Impulsgeber zu sein, und es erfüllte ihn mit besonderer Freude. Er wollte keine weiteren Sequenzen von Leben erfahren, sondern verkörperte offenes Bewusstsein. Und es war seine gewählte Erfahrung, der Menschheit zu dienen und ein Hüter der Weisheit des Lichtkörpers zu sein. Nur in seltenen, auf Seelenebene verabredeten Fällen gab er sein Wissen an einzelne Menschen weiter.

Inneres Wissen erfüllte mich, dass es weltweit einige Meister seiner Art gab, die still im Hintergrund wirkten. Sie gingen keine Entwicklungszyklen auf der Erde ein, sondern waren stille Begleiter, die ganz zurückgezogen lebten. Sie lebten vollkommen unabhängig, hielten ein hohes Licht der Bewusstheit auf Erden und sorgten für eine gewisse Balance. Sie wollten keine Meisterschaft der irdischen Leben verwirklichen, sondern gingen ihren höheren Aufgaben nach.

Ich fühle tiefe Dankbarkeit, dieses wertvolle Geschenk erhalten zu dürfen. Mein Herz war tief beglückt und ich genoss die befreite, hohe Schwingung.

Ich dankte ihm aus tiefstem Herzen. Die hütenden Meister waren ständig mit hochdimensionalen Ebenen ihres Bewusstseins verbunden und hatten keinerlei Interesse an direkten irdischen Erfahrungen. Sie erfuhren eine ganz andere Art von Erleben. So konnte dieser Meister seinen Körper über Wochen, Monate und Jahre auf der Erde zurücklassen. Sein Bewusstsein befand sich dann weit außerhalb des Körpers, in einem Erleben höherer Welten.

Er hielt lediglich seine Körperfunktionen aufrecht, damit er bei Bedarf jederzeit in seinen vorhandenen Körper zurückkehren könnte. Sein Körper diente wie ein Sender des göttlichen Lichtes in die irdische Ebene hinein. Er achtete und liebte seinen Körper als Teil seines Seins und nutzte ihn als Möglichkeit, damit er von Zeit zu Zeit aktiv auf der Erde wirken konnte. In den anderen Zeiten verweilte er in ganz anderen, beglückenden Dimensionen der Schöpfung. Dieser Meister ging seinen ganz eigenen Interessen nach, in die ich von der Erde aus keinerlei Einblick hatte. Ich bemerkte die einzigartige heilige und friedliche Ausstrahlung, die sein Körper annahm, wenn sein Bewusstsein nicht auf der Erde weilte. Dieses besondere Licht war ein kleiner Teil seines göttlichen Seins, das seinen Körper auch während seiner Abwesenheit in der Existenz hielt.

Er schenkte mir bedingungslose, göttliche Zuwendung und ich empfand ihn als väterlichen Freund. Nachdem er mich fast ein Jahr gelehrt hatte, verschwand er ohne besonderen Abschied. Ich wusste, dass die Zeit gekommen war und erinnere mich an seinen liebevollen Blick, den er mir zuvor noch einmal schenkte.

Zeitweise hatte ich den Eindruck, dass mein Erwachensprozess nur sehr langsam voranschritt. Jeshua erinnerte mich immer wieder lächelnd an seinen eigenen Weg. Ich sollte mich in Geduld üben. Eine ganze Weile lang wachte ich morgens mit dem Gedanken auf, wann es denn nun endlich vollbracht sein könnte, und Jeshua fiel auf, dass ich mich viel zu sehr anspannte. Ich benötigte das genaue Gegenteil, um den Prozess weiter zulassen zu können. Zu enge Gedanken würden mich wieder auf die menschlichen Begrenzungen fixieren und ich würde eher zum Bittsteller als zum Meister.

Die Haltung eines wahren Meisters war weise zulassend. Die Meister wussten, dass es ständig Neues in der Schöpfung zu entdecken gab, denn die göttlichen Potenziale waren unendlich. Und obwohl sie eine schier unglaubliche Weisheit verkörperten, strahlten sie zugleich die neugierige Unschuld eines Kindes aus, das hinter jedem Stein etwas Neues zu entdecken vermochte. Es war auch für mich an der Zeit, diese Haltung wieder einzunehmen. Ungeduldiges Warten wäre reine Verschwendung und eine Schwächung meiner Energie.

Es gab Tage, an denen ich mich überdrüssig fühlte, doch sie wichen immer wieder meiner ständig wachsenden Lebensfreude und Sorglosigkeit. Jeder einzelne Tag war wichtig, um mir die vollkommene Schönheit des Lebens zu enthüllen. Sie war ein unvergleichliches Kunstwerk, in das alle Lebensgeschichten und Seinsanteile eingewoben waren.

Ich kostete immer mehr von dem süßen Nektar der göttlichen Verwirklichung. Jeder Moment war heilig, denn ich erklärte ihn dazu und liebte mein Sein. Die unglaublichen Dinge, die Jeshua mich einst lehrte, wurden allmählich zu einer gelebten Wirklichkeit für mich. Nicht länger Gehörtes aus einem anderen Mund, sondern eine Wahrheit, die sich in unvergleichlicher Schönheit offenbarte.

Reise nach Andromeda

Wenngleich ich nach manchen erleuchteten Momenten manchmal tagelang in Hochgefühlen verweilte, erlebte ich doch auch immer noch Phasen, die sich weniger gut anfühlten. So manche sorgenvollen Gedankenmuster und Zweifel kamen wieder an die Oberfläche und die Hochgefühle flachten wieder ab.

Während einer solchen Phase befolgte ich Jeshuas Rat, mich erneut aus der ungeduldigen Enge meiner Gedanken zu befreien und in die innere Sammlung zu begeben. Ich bat mein göttliches Selbst, mir eine passende innere Reise zu offenbaren, durch die ich eine Milderung meines Gemütszustandes finden möge, und begann damit zu meditieren.

Meine innere Reise startete ganz unvermittelt, als ich mich plötzlich zum Sternenhimmel hingezogen fühlte. Vor meinem inneren Auge begann ein Planet meine Aufmerksamkeit zu erregen und ich streckte mein Bewusstsein dorthin aus. Vorsichtig nahm ich einen ersten Kontakt auf.

Zunächst nahm ich seine Oberfläche als karg, dunkel und nicht besonders einladend wahr. Irgendetwas sagte mir jedoch, ich möge näher hineinspüren. Ich stellte mir vor, einen Fuß auf seine eintönige Oberfläche zu setzen, und bei der Berührung des Bodens leuchtete zu meinem Erstaunen eine farbige, vielfältige Natur auf. Ich erblickte dort eine völlig andere Ebene der Existenz. Die Kargheit war nur eine äußere Dimension des Planeten, doch in einer anderen seiner Dimensionen offenbarte dieser Ort prachtvolles und farbiges Leben.

Und so setzte ich auch meinen anderen Fuß auf und beschloss gänzlich in die bunte Welt einzutauchen.

Alles erschien intensiv und einladend. Es war angenehm warm und der Planet war von einem gleichmäßigen Licht eingehüllt. Ich befand mich an einem Strand, hinter dem sich größere Gebiete von hohen Bäumen mit flachen, ausladenden Kronen und verschiedenen Grünpflanzen erstreckten. In der Luft schwebten farbige Lichtfelder, die alle Lebewesen in dieser Welt mit energetischer Nahrung versorgten.

Aus der Ferne kam ein hochgewachsenes, feingliedriges Wesen auf mich zu. Es war eine sehr liebevolle und anmutige Erscheinung, die sich freundlich als Wesen der Galaxis Andromeda vorstellte. Menschen, die auf der Erde erwachten, kämen manchmal zu seinem Planeten, erklärte mir das Wesen. Manche taten dies bewusst, manche in unbewussten Astralreisen, an die sie sich am nächsten Morgen nicht mehr erinnerten. Sie wären gerne bereit, die Menschen freundlich zu empfangen und sie in ihrem Erwachen zu unterstützen. Sie hatten bereits den Aufstieg auf eine nächsthöhere Bewusstseinsebene auf ihrem Planeten erlebt und wertvolle Erkenntnisse gesammelt. Jeder Planet in diesem Universum hatte zwar unterschiedliche Bedingungen, aber bei einigen gab es durchaus Ähnlichkeiten.

Sie hatten sich bereits aus der Illusion der Zeit gelöst. Auch zuvor erlebten sie schon sehr lange Lebensspannen; ein einziges ihrer Leben war von hinreichender Dauer, um sich weitreichend zu entwickeln, und obwohl es für sie keine Notwendigkeit gab, die Zeitillusion zu verlassen, erlebten sie es doch als eine natürliche Folge ihres Aufstiegs. Dadurch erreichten sie die Fähigkeit, in verschiedene Zeitepochen anderer Planeten blicken zu können.

Es würde eine Zeit auf der Erde kommen, sagte das Wesen, in der die Menschheit den Aufstieg auf nächsthöhere Bewusstseinsebenen und viele auch umfassende Erleuchtung erleben würde. Einzelne Menschen und auch kleinere Gruppen aus verschiedensten Kulturen und Epochen würden diesen Prozess immer weiter vorbereiten. Ihre Impulse würden dem Massenbewusstsein helfen, sich zu verändern, und so könnten immer weitere Menschen erwachen.

Das Wesen deutete auf mein Herz. »Dies ist eure größte Kraft, es wird dir stets den Weg weisen und dich in die passenden Schritte hineinführen.« Es gäbe viele Einzelpersonen auf der Erde, die ihren Aufstieg verwirklichen würden. Der Prozess würde eine ganz eigene Dynamik annehmen und die Bewusstseinsöffnung eines jeden Einzelnen wäre hierbei enorm wichtig, denn sie hatte einen entscheidenden Einfluss auf das Kollektivbewusstsein. Jeder Einzelne war wichtig!

Die Wesen von Andromeda hatten erlebt, wie sich auch ihr Planet mit ihrer fortschreitenden Bewusstheit von den Schäden, die sie ihm zugefügt hatten, vollständig heilte. Es wäre durchaus ein Potenzial gewesen, ihn aus Achtlosigkeit zu zerstören, und eine ganze Zeit lang stand diese Möglichkeit nahe an ihrer Verwirklichung. Es war dem hingebungsvollen Wirken Weniger zu verdanken, dass sich der Kurs sowohl für die Bewohner wie auch für den Planeten veränderte und darin wollte mich das Wesen bestärken. Alles war miteinander verbunden.

Ich fühlte seine Güte und zeitlose Liebe. Ich spürte, wie unwichtig meine Ungeduld und meine Fragen waren. Sie entstanden nur aus meinen begrenzten Sichtweisen, die gerade wie ein Fisch an Land zappelten, weil sie die neue Richtung noch nicht erkennen konnten.

Die Wesen von Andromeda bewohnten eine reiche und erfüllende Welt. Wie wertvoll sie war. Ich spürte einen kleinen

Stich im Herzen, weil mir Menschen einfielen, die ihr Leben und den Wert der Erde noch nicht zu schätzen wussten. Doch auch ihr Weg war heilig und nur sie allein konnten ihren Erkenntnisweg gehen.

Andromeda war warm und frei. Die Luft war von Liebe, Frieden und Freiheit erfüllt. Es war ein Ort, den die Göttlichkeit wieder offen lieben konnte. Das Wesen saß mit mir in der Stille und tauschte sein Wissen über eine Herzensberührung mit mir aus. Wir sprachen keine Worte, es übermittelte mir seine Erlebnisse direkt in mein Bewusstsein. Jetzt wusste ich, worauf ich mich freuen konnte.

Ich nahm diese wertvolle Erkenntnis mit mir und kehrte erfüllt in meinen Körper auf die Erde zurück.

Ich dankte der Sonne, dass sie unseren Planeten erhellte, und der Erde zutiefst für ihre unvergleichliche Schönheit und hingebungsvolle, geduldige Liebe.

Heilmeditation: Begegnung mit deinem aufgestiegenen Selbst

Lasse dich in die Stille sinken und tauche in deine innere Landschaft ein. Finde deinen Platz an einem Ort, an dem du dich sicher und geborgen fühlst.

Spüre entspannt in die angenehmen Gefühle hinein.

Pause

Bitte nun deine Engel und geistigen Helfer zu dir. Sie stellen sich in einem Kreis um dich herum und heben deine Schwingungen jetzt sanft an.

Pause

Bitte nun, dass dein aufgestiegenes Selbst vor dich tritt, und nimm wahr, wie es dir erscheint. Wie fühlt sich seine Ausstrahlung an? Wie sieht die Umgebung aus, in der es sich zeigt? Vielleicht erscheint es in einer bestimmten Landschaftsform oder inmitten von Farben, die dir helfen, das Gefühl für seinen Bewusstseinszustand besser wahrzunehmen.

Nimm dein aufgestiegenes Selbst wahr.

Pause

Reiche ihm deine Hände und bitte es, dir nun alle passenden Impulse, Energien, das Wissen und die Weisheit zu übermitteln, die jetzt wichtig für dich sind. Ein Fluss von Informationen und Energien strömt nun durch die Brücke eurer Hände zu dir und erfüllt dein ganzes Sein. Empfange alles, was zu dir fließt.

Pause

Wenn du magst, bitte dein aufgestiegenes Selbst um eine Botschaft oder stelle ihm Fragen. Seine Antworten werden als sanfter Gedankenfluss, als innere Bilder oder auch als spontanes Wissen zu dir kommen.

Pause

Nachdem alles geschehen ist, spüre nun hinter dich und stelle dir vor, dass dort die Vergangenheit deines jetzigen Lebens liegt. Sie enthält deine vergangenen Lebensjahre, dein junges Erwachsensein, deine Teenagerzeit und Kindheit, bis zu deinem Zeugungszeitpunkt im Mutterleib.

Wende dich nun dem Feld deiner Vergangenheit zu und lasse deine Weisheit zu all deinen Anteilen dort fließen. Dein inneres Kind, Teenager, Baby, alle Teile deines Selbst und besonders jene, die irgendwann verletzt wurden, können durch deinen aktuellen Entwicklungsstand, den du jetzt als Gefühl und Licht sendest, lernen und heilen.

Sie würden das Licht deines aufgestiegenen Selbst nicht direkt annehmen können, denn es wäre noch zu hochfrequent für sie. Du bist nun der Vermittler zwischen deinem aufgestiegenen Selbst und den Seinsanteilen deiner Vergangenheit. Mit deiner jetzigen Weisheit sendest du ihnen genau die passende Intensität von Bewusstheit, die sie gerade annehmen können. Sie erhalten dadurch wertvolle Heilung, Wissen und Erwachensimpulse.

Pause

Wenn du das Gefühl hast, dass genügend Weisheit und Austausch in die Vergangenheit deines jetzigen Lebens geflossen ist, bitte darum, dass sich nun alle deine vergangenen Leben um dich herum versammeln und sende auch ihnen den Strom deiner Weisheit und Zuwendung.

Diese Impulse lassen auch deine vergangenen Leben von deiner Entwicklung profitieren, so dass sie dein jetziges Selbst besser unterstützen können. Wenn du das Gefühl hast, dass genügend geflossen ist, beende die Übung.

Du kannst diese kraftvolle Übung wiederholen, so oft du magst. Es ist empfehlenswert, sie in der kommenden Zeit ruhig alle paar Wochen einmal anzuwenden, damit du alle deine aktuellen Entwicklungsschritte regelmäßig mit deinen vergangenen Leben teilen kannst. Dies ist eine enorm wertvolle Beschleunigung und Erleichterung deines Heil- und Erwachensweges.

Der Aufstiegsprozess ist eine enorme Integration all deiner Seinsanteile, so dass sie wieder harmonisch zusammen schwingen und sich austauschen können. Ihre gesamte Weisheit wird dir dann zur Verfügung stehen.

Deine sämtlichen Chakren werden sich allmählich wieder zum Einheitschakra vereinen. Alle höheren Bewusstseinsebenen werden schrittweise mit deinem menschlichen Bewusstsein verschmelzen. Ein solcher harmonischer Zustand erlaubt dir dann eines Tages die Integration deiner Göttlichkeit, denn sie kann sich nicht vollständig integrieren, wenn ihr noch zu viele verletzte Seinsanteile aus den irdischen, galaktischen oder kosmischen Leben im Wege stehen.

10

Die Gesänge der Naturwesen

»Die Ausdehnung des Bewusstseins ist ohne Ende und Begrenzung, ein immerwährender, erfüllter Tanz in der Ewigkeit. Auf jedem Spiralschwung der Erfahrungen werden Potenziale ausgelebt und es gebären sich immer weitere aus sich selbst heraus.«

Eine neue Richtung

Ich erreichte einen Punkt, an dem mir mein Geist fast erleuchtet erschien. Es waren bereits viele Teilerleuchtungen für mich geschehen. Vieles sah ich bereits mit ganz anderen Augen und doch kamen noch unerwartete Herausforderungen auf mich zu. Meine sämtlichen Gefühle erschienen in dieser Phase meines Aufstiegs stark gedämpft, und ich fühlte mich in meinem Körper überraschend nicht mehr wohl. Eine Weile hatte ich das Gefühl, er sei ein Fremdkörper, der nicht zu mir gehörte.

Während sich mein Geist frei, beweglich und erfüllt anfühlte, bemerkte ich, dass mein Körper nun als das genaue Gegenteil davon erschien. Oftmals fühlte ich mich müde und seltsam schwer. Ich spürte, dass eine große Verlockung in mir aufstieg, meinen Körper einfach zu verlassen und wieder ein freier Geist zu sein. Der Impuls, die Erde zu verlassen, wurde eine Zeit lang sehr stark spürbar und ich war sehr geneigt, ihm nachzugeben. Wie leicht es zu sein schien. Ein kurzes Loslassen und ich könnte diese scheinbar schwere Last einfach abstreifen, doch ich wusste, dass dies nicht mein Ziel war. Ich wollte noch hier bleiben; ich hatte dieses Leben auf der Erde noch nicht ausgelebt und meinen Weg noch nicht vollendet.

Jeshua kannte die Verlockung, den Körper einfach abzustreifen, nur allzu gut, denn dieses Gefühl war auch für ihn einst eine Herausforderung gewesen. Jeshua leitete mich an, etwas zu finden, das ich sehr liebte und woran ich mich auf der Erde erfreuen konnte. Ich liebte zweifelsohne meine Familie und die vielfältige Natur. Sie gaben mir den besten Anlass, weiterhin auf der Erde verweilen zu wollen.

Nach einigen Wochen beruhigte sich mein Zustand. Die Liebe, die ich fühlte, löste die empfundene Schwere auf. Mein Körper erschien mir wieder als guter Freund, der die Reise gerne mit mir gemeinsam fortsetzen wollte.

Ich wollte ihn nicht am Ende meines Lebens einfach zurücklassen und seine Energie erst später, aus den höherschwingenden Dimensionen heraus, zu mir nehmen. Ich konnte das wunderbare Gefühl, das aus einer Verschmelzung mit ihm hervorgehen würde, bereits erahnen.

Es war ein Akt tiefster Selbstliebe, den Körper nicht auf der Erde zurückzulassen, sondern ihn, als einen lebendigen Teil des Selbst, vollständig anzunehmen.

Jeshua war den Weg bereits gegangen und hatte gezeigt, dass es möglich war. Und in späteren Jahren sollten mir noch weitere Klärungsprozesse meines Körpers begegnen.

Die Gesänge der Naturwesen

Eines Abends am offenen Feuer, auf dem wir unser Abendessen bereiteten, drang in der Dämmerung plötzlich ein ganz besonderer Klang an meine Ohren. So zart und glockenhell, dass ich es kaum begreifen konnte. Es gab keinerlei mir bekannte Musikinstrumente, die ihn hätten erzeugen können. Die Klänge erzeugten ein ungeahntes Wohlgefühl und ich fühlte mich mehr denn je Zuhause. Ich schaute Jeshua an. »Was ist das?«, fragte ich ihn völlig ergriffen. »Hörst du das auch?«

»Dieser Klang entspringt keinem irdischen Quell«, antwortete Jeshua. »Du vernimmst die Klänge der Naturwesenreiche, meine Liebste. Auch sie gehören zur Erde, doch sie bekleiden eine ganz eigene Dimension. Du vernimmst den Gesang wundervoller Wesen, welche die Natur bewohnen und die Pflanzen mit Energien versorgen. Jetzt ist die besondere Stunde am Abend, in der die Naturwesen ihren Gesang anstimmen, um dem Tag zu danken. Sie öffnen dadurch eine Pforte zur Göttlichkeit und ihr Gesang vermischt sich mit den Klängen der göttlichen Quelle; sie vereinen sich und erklingen in feinsten Frequenzen. Die Naturwesen verbinden auf diese Weise göttliche Einströmungen mit der Natur.

Nur sehr wenige Menschen vermögen diese Klänge wahrzunehmen. Dein Weg ist bereits fortgeschritten und auch ich erinnere mich an dieses einst wundersame Ereignis. Es war für mich ebenfalls unerwartet, dass es so viel mehr gab, als wir mit unseren menschlichen Sinnen erfassen konnten.

»Die Reiche der Natur singen und ehren die Quelle. Sie singen das Schöpfungslied gemeinsam mit der Quelle und erschaffen daraus weitere Naturwunder. Der Klang ist eine Grundlage der Schöpfung und so erreicht er nun auch deinen Geist. Wenn du auf einer ganz bestimmten Ebene lauschst, kannst du einen tiefen, raumnehmenden Klang wahrnehmen. Er ist der Grundton dieser Schöpfung, der alle Entwicklung trägt. Auf ihn setzen sich die helleren und feineren Klänge auf und bringen die Möglichkeiten in die Form. Diesen Klängen zu lauschen ist äußerst beglückend, denn du schwingst dort ganz nahe an deiner Göttlichkeit«, erklärte mir Jeshua.

Die Naturwesenreiche waren wundervolle Entwicklungspfade für die Seelen. Ebenso wie die Tiere, Pflanzen und Mineralien gehörten auch sie zu den unzähligen Ausdrucksformen, die eine Seele im Universum annehmen konnte, und jede einzelne Art schenkte ganz eigene Erfahrungsmöglichkeiten.

»Jede Existenzform in der Schöpfung ist unvergleichlich wertvoll«, sprach Jeshua weiter. »Eine jede hat ihre Berechtigung, denn sie dient der Erfahrung und Entwicklung der Seelen. Ganz gleich wie klein oder groß ein Lebewesen auch erscheinen mag, kein Mensch kann überblicken, welche Geschenke des Wachstums seine Gestalt in sich birgt. Nur aus einer erhöhten Perspektive kann erfasst werden, welche Möglichkeiten sich dort verbergen.

Inkarnationen in Form von Tieren schenken Erfahrungen reinen Seins, von freien Gefühlen und Körperkraft, ohne sie durch Gedanken zu unterbrechen. Diese Pfade schulen reine Hingabe, Loslassen, bedingungslose Liebe, Freiheit, Ekstase und sehr vieles mehr, wie du selbst bereits herausgefunden hast. Auch als Pflanzen und Mineralien erfahren sich die Seelen als ein aktiver Teil eines Systems. Jeder hat dort seine Aufgabe, der er sich in höchster Freude hingibt. Keiner dieser Entwicklungspfade sollte als geringer geschätzt werden als der Mensch oder jegliches andere Wesen.«

Ich werde mein berührtes Erstaunen niemals vergessen. Dies waren ganz besondere Momente. Ich lauschte dem Klang der Naturwesen und fühlte mich der Quelle ganz nahe. Vor einigen Jahren hätte ich niemanden geglaubt, der mir von diesen Wundern berichtet hätte.

Dieses Erlebnis brachte mich dazu, mir eines Tages auch meines eigenen, inneren Klangs wieder bewusst zu werden. Ein jedes Wesen trägt seinen unverwechselbaren Klang in sich und alle gemeinsam ergeben eine unvergleichliche Sinfonie. Jeder einzelne Ton ist unendlich wichtig und darf nicht fehlen. Ich wurde mir meines reinsten Klangs gewahr, wiegte mich in ihm und tanzte beschwingt in meine Tage hinein.

Abschied von meinem Vater

Als Kind verehrte ich meinen Vater sehr, ich liebte seine Stärke, seinen Umgang mit unserer Familie und auch mit den Tieren. Er schien alles stets mühelos zu meistern und versorgte unsere Familie sehr gut. Die Kindheit von mir und meinen Schwestern war unbeschwert, wir verbrachten viel Zeit in der Natur und entdeckten die lebendige Tier- und Pflanzenwelt. Mein Vater brachte uns die Tiere nahe. Ich vertraute ihm. Doch er hatte später seine ganz eigenen Vorstellungen, was das Beste für seine drei Töchter wäre.

Er war sehr stark von den überlieferten Traditionen geprägt und diese besagten, die Töchter möglichst früh zu verheiraten und Söhne in die Familie zu holen. Mein Vater folgte ihnen, besonders als er durch eine Verletzung seine Arbeitskraft gefährdet sah und sich tiefen Ängsten öffnete. Er verletzte mich damit sehr, denn ich hatte durchaus meine eigenen Vorstellungen vom Leben. Es war für mich unvorstellbar, einem fremden Mann versprochen zu werden, und doch tat mein Vater es. Eine ungewohnte Härte zeichnete sein Gesicht, als er das Versprechen eingegangen war und in diesem Augenblick brach mein Vertrauen zu ihm. Und so verdrängte ich ihn lange Zeit aus meinen Gefühlen.

Jetzt, so viele Jahre später, begegnete er mir eines Nachts in einem Traum. Ich sah sein trauriges Gesicht vor mir und spürte erstmals seine Scham. Er wagte es kaum mich anzublicken und ich nahm seinen tiefen Schmerz wahr. »Was machst du hier?«, fragte ich ihn.

Für einen kurzen Moment sah ich die mahnenden Stimmen seiner Familie hinter ihm. Er war ihrem Willen gefolgt, ohne ihn für sich zu prüfen und ohne den Wunsch seines Kindes zu sehen. Nun erkannte er den Schmerz und das Leid, das er dadurch erzeugt hatte, und unsere Familie war seitdem nie wieder dieselbe gewesen. Ich hatte den Schmerz damals tief in meinem Herzen vergraben. Nun sah ich, dass auch mein Vater ihn trug. Mitgefühl erfüllte mein Herz.

Die ganze Zeit hatte ich nur seine unnachgiebige Härte gesehen und fortan verdeckte sie die gemeinsamen schönen Erlebnisse. Er hatte versucht, das Beste für unsere Familie zu erreichen, und so traf er eine einsame Entscheidung, aus seiner Angst vor Armut heraus. Doch damit erzeugte er großen Schmerz, der uns all die Jahre trennte.

Jetzt konnte ich sehen, dass die Härte wich und nicht Teil seines wahren Wesens war. Ich fühlte mich wieder angenommen und spürte, wie sich mein Herz in dieser Erkenntnis wieder vollständig für ihn öffnete. »Ich vergebe dir«, floss es tief aus mir heraus und ich streckte meine Hand mit tränenerfülltem Blick nach ihm aus, als sein Bild vor meinen Augen verschwand. Und so wachte ich auf und brauchte einige Zeit, um die Eindrücke des Traumes zu verarbeiten, der sich so real angefühlt hatte.

Sichtlich durcheinander erschien ich beim Morgenmahl, wo Jeshua sich bereits niedergelassen hatte. Nachdem ich mich gesetzt hatte, sah er mich mitfühlend an und fragte mich: »Weißt du, dass dein Vater heute Nacht von uns gegangen ist?« Erst langsam begann ich zu begreifen.

Ich war sehr dankbar, dass es sein letzter Wunsch gewesen war, uns wieder zu versöhnen. Auch dieser Schmerz war nur eine von unendlich vielen Geschichten des Lebens, die ein Wachstumspotenzial für alle Beteiligten in sich trug. Er hatte mich in meine Kraft geführt. Erinnerungen an eine schöne Kindheit fanden wieder ihren Raum in mir und ich genoss sie viele Wochen lang, bevor ich spürte, dass ich meinen Vater nun ganz losgelassen hatte.

Heilmeditation: Die Heilessenzen der Pflanzen

Neben Menschen und Tieren bewohnen auch unzählige Pflanzen die Erde und verleihen ihr ein einzigartiges Gesicht. Sie schützen ihre Oberfläche und sorgen dafür, dass Wasser, Sauerstoff, Nährstoffe und Energien zirkulieren können.

Die Werdungsprozesse der Pflanzen werden energetisch aus dem Naturwesenreich unterstützt. Lichtvolle Pflanzendevas umseelen die Pflanzengruppen und erfüllen sie mit ihrem Bewusstsein. Naturwesen wie Elfen, Zwerge, Gnome, Faune und viele mehr begleiten die Natur sowie die Zyklen des Erblühens, der Frucht und der Ruhephasen. Unzählige Heilpflanzen sind direkt auf die Körper der Menschen und Tiere abgestimmt und stellen eine natürliche Apotheke dar. Jede Pflanze ist auf ihre Weise eine Heilpflanze. Ihr Geist und ihre Essenz berühren die Welt und alle auf ihr lebenden Wesen.

Und so möchte sich dir nun die versammelte Gemeinschaft der Heilpflanzen vorstellen. Dort, wo der Boden ungeschützt ist, sind sie die ersten Wesen, die ihn wieder bedecken, schützen, beschatten und versorgen. Sie füllen die Stoffe auf, die dem kahlen Boden fehlen, und so wachsen an einem Ort stets die passenden Arten. Sei willkommen im Königreich der Pflanzen und ihrer heilenden Essenzen.

Die Meditation

Lasse dich nach innen sinken und suche dir einen bequemen Platz in deiner inneren Landschaft. Lehne dich dort gemütlich an, vielleicht befindest du dich an einem Strand, in einem Wald oder auf einer Blumenwiese.

Pause

Bitte nun, dass sich die Gemeinschaft der Heilpflanzen vor dich stellt.

Lade sie zu dir ein und begrüße sie. Sie begrüßen auch dich, voller Liebe.

Nimm diese wundervollen Wesen wahr. Sie beschenken dich, die Erde, Menschen und Tiere voller Liebe und Hingabe.

Pause

Manche Pflanzen tragen wundervolle farbige Blüten und reiche, wohlschmeckende Früchte. Andere begeistern durch außergewöhnliche Blattformen oder verströmen einzigartige Düfte, die Körper und Seele berühren. Kein künstlicher Duftstoff kann eine solche Wirkung entfalten. Der für dich passende, heilsame Duft strömt nun zu dir. Nimm ihn und die Pflanzen innerlich wahr und lasse dich erfüllen.

Pause

Spüre nun in die Herzensebene der Pflanzen hinein.

Jede Pflanze trägt, ebenso wie die Menschen und Tiere, ein Herzensfeld in sich, über das sie mit der Liebe der göttlichen Quelle verbunden ist. Lasse diese liebevolle Schwingung dein Herz und dein Sein erfüllen.

☙ *Pause*

Sende den Pflanzen nun Liebe aus deinem Herzen und spüre, wie sie mit Liebe antworten. Spüre, wie dein Herz gemeinsam mit ihnen auf einer Ebene schwingt.

☙ *Pause*

Wenn du ein körperliches Problem oder ein anderes Thema hast, so bitte jetzt, dass die Pflanzen dir die dafür passende Heilessenz geben. Vielleicht leuchtet vor deinem inneren Augen eine einzelne Pflanze aus der riesigen Weltengruppe auf, vielleicht legen auch mehrere ihre Essenz für dich zusammen. Die heilende Essenz kann als Energie oder auch bildhaft als Flüssigkeit, warmer Wickel, Räucherwerk oder in jeglicher anderen Form zu dir kommen.

Nimm wahr und empfange.

☙ *Pause*

Bedanke dich liebevoll bei den Pflanzen für ihre Zuwendung. Du kannst dich jederzeit auf sie einstimmen, etwa wenn du einen Park, Wald, deinen Garten oder eine andere Landschaft betrittst. In der freien Natur ist es immer wieder ein faszinierendes und berührendes Erlebnis. Auch ohne akute Beschwerden sind ihre Essenzen eine Wohltat für Körper und Psyche. Sie wirken vorbeugend, kräftigend, reinigend, heilend, je nachdem, was wir gerade benötigen.

11

Berührung der Göttlichkeit

»Wahre Macht ist die Fähigkeit der Hingabe
an den Fluss allen Seins.«

Vorbereitungen

Die Tage flossen dahin und ich ließ mich von ihnen tragen. Ich spürte, dass vieles nicht mehr von Bedeutung zu sein schien. Ich löste mich aus dem Alltagsgeschehen und tauchte immer vollständiger in eine Ebene ein, in der alles einfach gut war. Sie war wie ein paradiesisches, sonniges Land, in dem alle meine Bedürfnisse ständig erfüllt waren. Ich erhielt intensive Eindrücke, wie sicher und erfüllt sich das Leben anfühlen konnte, in einem Einklang, der das ganze Sein erfüllte.

Ich spürte eine Einladung, dort zu verweilen. Ich hatte das Gefühl, ich bräuchte nur noch einen einzigen Atemzug, ein letztes Loslassen, und ich könnte für immer in diesem wundervollen Bewusstseinszustand sein. Doch ich begann erneut zu zweifeln, ob ich es wirklich schon zulassen konnte, und spürte, wie mich die gesegnete Ebene des tiefen Friedens während der nächsten Tage wieder verließ. Ich sank zurück in den Schoß meines begrenzteren Empfindens. Dennoch fühlte ich mich immer noch von Vertrauen erfüllt und bemerkte, dass ein Teil von mir auf der erhöhten Ebene präsent blieb. Er war bereit, den Kontakt zu mir zu halten und mir die Hand zu reichen, wenn ich bereit war. Mein göttliches Selbst würde voller Liebe auf mich warten, bis es an der Zeit war.

Einheit

Eines Tages, mit siebenunddreißig Jahren, erlebte ich einen der berührendsten Punkte meines Erwachensweges, der mein Bewusstsein auf vielen Ebenen veränderte. Ich spürte eines Tages, dass mich eine Sehnsucht anflog, die ich bereits kannte. Etwas, was ich einst kurz erschaute, klopfte erneut an meine Tür. Es fühlte sich an, als könnte ich einfach einen Sprung in etwas noch so Unbegreifbares erleben, dass ich es kaum benennen konnte.

Ich erinnerte mich an ein unvergleichliches Gefühl der Liebe, das ich einmal empfunden hatte. Damals war ich nicht fähig gewesen, es vollständig anzunehmen, zu überwältigend fühlte es sich an. Diese unbeschreibliche Liebe erschien mir wie ein weit entfernter, himmlischer Ort, den ich nicht mehr zu erreichen vermochte. So oft hatte ich mich nach ihr gesehnt und konnte sie nicht mehr finden. Jetzt erschien sie sehr viel näher und ich konnte ihr Licht bereits berühren. Plötzlich war es möglich. Die Quelle unbeschreiblicher Liebe und Glückseligkeit kam einfach zu mir und es lag nicht unter meiner Kontrolle. Ich konnte es nur geschehen lassen. Ich ließ mich fallen und die überwältigende Liebe durchfloss mich immer mehr. Sie nahm an Intensität zu und in einem Moment, als es sich anfühlte, als wäre es immer noch zu viel und als würde sie mich einfach davontragen, konnte ich mich plötzlich öffnen … ohne Worte … ohne Gedanken … in die reine Erfahrung des Seins.

Es waren paradiesische Wogen, die mich erfüllten, und ich glitt in die Glückseligkeit. Die Fragen in meinem Kopf verblassten und ich gab mich einfach diesem einzigartigen Gefühl hin. Reinste, unvorstellbare Liebe erfüllte mein Sein, sämtliche Welten umspannend. Aus ihr kristallisierte sich eine lichte Gestalt heraus, damit ich besser begreifen konnte. Sie war hell umflossen und in der Mitte ihres Herzens funkelte ein Meer aus Lichtkristallen. Jeder einzelne strahlte eine ganz eigene Welt und Schönheit aus. Es war, als spiegelten sich unendliche Schöpfungswelten in diesen Herzenskristallen und alle gemeinsam erzeugten einen unvergleichlichen Klang.

Inmitten der mich überwältigenden Gefühle schaute mich so etwas wie ein liebevolles Gesicht klar an. Es dauerte ein wenig, bis ich mich an die Ausstrahlung gewöhnt hatte. Und plötzlich, in einem Zustand ohne Worte und ohne Gedanken, in einem Zustand reinen Seins, begriff ich, dass ich es selbst war. Es war mein erhobenes Sein. Es war ich. Es war in einem erweiterten Überblick, in Weisheit, es war hier und gleichzeitig in ALLEM. Es war lebendiger Fluss, lebendiges Bewusstsein in vollkommener Liebe. Es war auch die göttliche Quelle, es war auch ALLES, es war auch hier. Ich fühlte mich mit ALLEM WAS IST verbunden und erlebte einen Bewusstseinszustand der Einheit.

Meine Göttlichkeit hatte mich nie verlassen, nur war ich lange Zeit nicht fähig gewesen, sie zuzulassen. Ich hatte ihre unvorstellbare Liebe und vollkommene Schönheit fast vergessen. Sie ließ mich die gewählten Erfahrungen auf der Erde machen. In diesem erhobenen Zustand existierte immerwährendes Glück in höchster erfüllender Liebe und Ekstase.

Waren nicht alle Wesen ein Ausdruck dieser unendlich tiefen Liebe? Mir war, als würden alle Menschen, die ich je auf Erden liebte, Facetten dieser allumfassenden Liebe spiegeln. Ich erkannte, dass alle Wesen sie spiegelten. Manche stimmten mit mehreren meiner Facetten überein und manche nur mit wenigen. Doch sie alle spiegelten Teile der Liebe und waren sie gleichzeitig selbst. Ich spürte unvergleichliche Gefühle des Einsseins mit ALLEM. Ich nahm mich in der Einheit und gleichzeitig in meiner Individualität wahr. Ich dehnte mich unendlich aus und fühlte mich mit allen Wesen und Welten verbunden. Alles, was ich je erlebte, fand innerhalb des Bewusstseins statt. Alle Erfahrungen waren möglich.

Ich erkannte. Ich war reines Sein, pure All-Einheit und Glückseligkeit. Ich ließ mich ganz fallen und war bereit, mit diesem unbeschreiblichen Gefühl zu verschmelzen. Ich war endlich bereit, mich hinzugeben.

Wir verschmolzen für einen seligen Moment und er erschien mir wie die Ewigkeit. Diese Zuwendung berührte Ebenen in mir, die zuvor noch unberührt blieben.

Es floss alles zu mir, unbeschreiblich mit Worten. ALLES war hier enthalten und es fühlte sich so unendlich vertraut an. Ich konnte alles gleichzeitig erschauen und war in vollkommener Klarheit. Ich sah erneut das kleine, blondgelockte Mädchen vor dem geschmückten Baum, das ich einst auf der Reise in meine Multidimensionalität erblickt hatte.

Ich wusste jetzt, dass auch mein göttliches Selbst, bei den damaligen Ereignissen, direkt bei mir gewesen war. Hier blickte ich durch seine Augen, die nun auch meine Perspektive waren. Es war der goldene Engel, den ich in früheren Zeiten wahrnahm und der mich auf einer höheren Bewusstseinsebene hielt. Alles ergab nun einen Sinn. Bei Jeshuas Kreuzigung, zweifellos die dunkelste Zeit meines Lebens, spürte ich damals weit im Hintergrund etwas, das mich weitergehen ließ, in diesen grausamsten Momenten. Etwas, das verhinderte, dass ich zerbrach. Ich hatte mich so lange Zeit gefragt, welche göttliche Gnade dort bei mir gewesen war, welchen Engeln ich dieses Wunder zu verdanken gehabt hatte.

Nun erhellte es mich als eine wunderschöne Erkenntnis. Es war stets ich selbst gewesen und hatte mich erfüllt, von höheren Ebenen meines Bewusstseins aus. Meine Göttlichkeit war schon immer bei mir gewesen, sie war eine um die Unendlichkeit erweiterte Ebene meiner Wahrnehmung.

Sie hielt mich schon die ganze Zeit und begleitete meinen Weg. Sie war auch in meiner Kindheit bei mir. Ich erblickte unzählige weitere Momente, in denen ich eine Unterstützung spürte, die mich immer weitergehen ließ. Sie war an dem kleinen Flussufer bei mir und hielt mich, während ich die Bruchstücke meines Selbstwertes wieder zusammensetzte, kurz bevor ich Jeshua traf. Sie war in meiner Kindheit bei mir, als meine kleine Ziege verstarb, die ich so sehr liebte. Sie war immer wieder da, wie eine leise Ahnung ganz weit im Hintergrund. Sie war wie die Melodie eines wunderschönen Liedes, die sich mir immer wieder entzog. Sie begleitete mich schon die ganze Zeit und ohne, dass ich sie erkannte, war sie zuverlässig da. Sie begleitete meinen Weg, ohne meinen freien Willen zu behindern.

Diese Erkenntnis veränderte mich grundlegend. Mein Selbstwertgefühl, mein Urvertrauen, meine innere Sicherheit – alles wandelte sich und verschmolz mit allen Teilen meines Seins! Ich war die ganze Zeit über meine eigene, sichere Quelle gewesen. Mein gesamtes Weltbild veränderte sich. Meine Bezugspunkte veränderten sich. Unbeschreibliche Gefühle erfüllten mich. Raum und Zeit existierten auf dieser Bewusstseinsebene nicht, und noch mehr heilende Kraft aus dieser Verschmelzung floss in verschiedenste Bereiche meiner Vergangenheit. Alles geschah gleichzeitig, in einem einzigen Moment. Dieses erleuchtende Erlebnis war ein wichtiger Punkt meines Weges.

Weisheit aus den Schritten meines Erwachens floss in meine Vergangenheit. Ich spürte, wie sie sich sofort veränderte. Sie heilte vollständig, denn auf dieser Ebene benötigte es keine Zeit. Meine Inkarnationen waren einfach andere Blickwinkel, die mein Bewusstsein erkundete und die es unmittelbar wandeln konnte.

Mein göttliches Sein trug mich die ganze Zeit, es vermittelte mir eine selbstverständliche Sicherheit ganz weit im Hintergrund, die immer da war, selbst wenn mir Situationen noch so ausweglos erschienen.

Ich konnte eine unbeschreibliche Liebe zu ALLEM, allen Wesen, allen Welten, zu allem Kleinen und Großen fühlen, denn sie war auf allen Ebenen bedingungslos und allumfassend. Sie machte keine Unterschiede, es gab keine Unterschiede in den Essenzen, denn alles war eins. Alles, was wir als Unterschiede bewerteten, waren lediglich die verschiedenen Ausdrucksformen der Seelen innerhalb der sich ständig verändernden Schöpfungswelten.

Alles wandelte sich und ließ mich neu auf das Leben blicken. Ich sollte noch weitere Verbindungen mit den Gefühlen der Einheit erfahren. Viele waren sehr viel unscheinbarer, sie beruhten eher auf der Erinnerung als auf dem unmittelbaren Erleben. Sie bereiteten mich darauf vor, sie eines Tages dauerhaft zulassen zu können. Die Wege meiner Vergangenheit verbanden sich zu einer wunderschönen, strahlenden Weisheit. Sie trug der Schönheit meines Lebensmusters bei. Unbeschreiblich mit Worten. Welche Wunder des Bewusstseins und der lebendigen Schöpfung!

Dann glitt ich wieder aus diesen ekstatischen Gefühlen heraus und fand eine liebevolle Klarheit in mir. Es blieb keine Sehnsucht mehr. Als ich wieder in meinen Körper zurücksank, nahm ich wichtige Erkenntnisse mit mir. Es war ich selbst von verschiedenen höherdimensionalen Ebenen meines Seins aus, die sich durch die Zeiten hinweg selbst geheilt hatte. Zusammen mit der Quellebene hatte mein immer weiter erwachendes Selbst aus den unterschiedlichsten Abschnitten seines Weges, durch seine verwirklichten Schritte, Impulse in meine Vergangenheit gegeben.

Zeit spielte wahrhaftig keine Rolle. Selbst wenn sich dieser Zustand für mich nicht dauerhaft integrierte, hatte ich doch das wahre Sein geschaut und wusste, wie es sich anfühlte. Die Erde erschien mir auf eine ganz neue Weise strahlend schön und aus meiner Glückseligkeit heraus erfüllt.

Annehmen und Loslassen

Irgendwann erhebt sich ein jedes Wesen auf eine nächsthöhere Ebene seines Bewusstseins und schließt eine alte Entwicklung ab. Jede einzelne Entscheidung auf diesem Weg ist und war wichtig. Für mich war es wichtig, meinen Heil- und Herzensweg zu erkunden, damit ich andere begleiten und lehren konnte. Meine Seele sehnte sich nach einem tieferen Verständnis.

Es war in der Vergangenheit oft anstrengend gewesen, mich aus den dunklen Tälern der Verzweiflung wieder hinaus zu bewegen, doch jetzt rückblickend, wollte ich tatsächlich keine dieser Erfahrungen mehr missen. Endlich konnte ich die Geschenke erkennen. Ich hatte mich in Grenzerfahrungen gebracht und gleichzeitig wurde ich von meiner Göttlichkeit stets sicher gehalten.

Nun hatte ich längst ruhigere Fahrwasser meines Lebens erreicht. Die großen Stromschnellen und alles verschlingenden Wellen unangenehmer Gefühle waren vorüber. Vor mir lag eine ruhige See, die sich mir nun in ihren schönsten Farben zeigte. Mein Leben erhielt eine ganz andere Tiefe.

Alles, was ich im Außen erblickte, nahm ich nicht mehr länger nur als äußere, getrennte Dinge wahr, sondern begann ihre Schönheit und Energie auch in mir zu spüren. Ich fühlte mich sehr viel vollständiger und konnte höchste Freuden in jedem Moment und noch so kleinen Erlebnis spüren.

Hier auf diesem scheinbaren Höhepunkt konnte ich verweilen. Wie angenehm das Leben hier war, wie lebenswert und genussvoll. Ich war in einem stabilen Zustand von Frieden, Sicherheit und Liebe angekommen.

Tief in mir hatte sich das sichere Gefühl eingestellt, dass ich eines Tages in meiner dauerhaften Erleuchtung ankommen würde, und es trug mich weiter.

Die restlichen Schritte meiner Verwirklichung waren nur durch Annehmen und Loslassen möglich. Ich wusste, dass ich mich durch keinerlei Anstrengung dorthin bewegen könnte. Mit jeglichem Druck und angestrengtem Wunsch würde ich mir nur selbst im Wege stehen. Ich durfte lernen, mich soweit zu entspannen, dass mein verwirklichtes Selbst immer weiter hervortreten konnte. Es war kein Abwarten, sondern ein sehr lebendiger Bewusstseinszustand!

Wie ungewohnt das Annehmen doch war. Lange Zeit hatte auch ich meinen Weg durch Anstrengung beschritten. Mein menschliches Sein hatte sich daran gewöhnt, lineare Schritte zu gehen und aktiv für etwas einzutreten.

Die Menschen kämpften um Nahrung und Obdach, um Liebe und Anerkennung. Überzeugungen der Anstrengung waren in den Vordergrund getreten, um das Überleben zu sichern, denn das göttliche Selbst konnte mit seiner Fülle und Schöpferkraft nicht mehr gespürt werden.

Es war nur eine Veränderung des Bewusstseinszustandes gewesen und dennoch hatte dies wohl die größten Auswirkungen in der Menschheitsgeschichte gehabt.

Ich hatte meine Anhaftungen und Identifikationen bereits losgelassen und konnte die wundervolle, freudige Fülle einfach zu mir fließen lassen.

Die Fülle war das tiefe Gefühl, vollkommen geliebt und versorgt zu sein.

Ich erlebte, dass alles, was ich benötigte, bereits da war. Ich brauchte nur zulassen, dass es zu mir floss.

Auch mein göttliches Selbst war bereits da, es war mir näher als der nächste Atemzug. Immer wieder richtete ich mich auf mein Gefühl aus, mit allem versorgt zu sein.

Ich bewegte mich immer mehr in einen ständigen Zustand des Annehmens und Loslassens hinein. Er fühlte sich unendlich sanft und anmutig an. Ich floss in diesem Zustand, wie in einem großen, sanft wogenden Ozean.

Etwa zehn Jahre nach meinem Erleuchtungserlebnis entschloss ich mich wieder zu lehren und einige Menschen fanden ihren Weg zu mir. In dieser Zeit kümmerte ich mich nicht um weitere Fortschritte, denn der Zustand, den ich bereits erreicht hatte, war mehr als lebenswert.

Ich konnte meine Erkenntnisse an andere weitergeben und diese Erfahrung beglückte mich sehr. Durch die Verbindung mit den hohen Bewusstseinszuständen hielt sich mein Körper gesund und auch die fortschreitenden Jahre schienen ihm nichts anhaben zu können. Ich fühle mich mit einer Ebene der ständigen Regeneration verbunden, die mich wie ein lebendiger Wasserfall immer wieder erfrischte. Erst Jahre später sollte sich meine innere Reise wieder fortsetzen.

12

Zwischen Himmel und Erde

»Dankbarkeit öffnet das Herz. Es öffnet die Verbindung zu unserem göttlichen Kern und lässt uns diesen in ALLEM erkennen.«

Zwischen Himmel und Erde

Viele weitere Jahre waren vergangen, es gab viele Momente inniger Verschmelzung mit der inneren und äußeren Welt und mein tiefes Glück mit meiner Familie. Ich fühlte mich unendlich beschenkt und geliebt vom Leben.

Unsere Kinder waren längst erwachsen und lebten mit ihren eigenen Familien. Ich ließ mein Erwachen in kleinen Schritten zu mir kommen. Ich selbst hatte es so entschieden, das wurde mir besonders in dieser Zeit zutiefst bewusst.

Mein göttliches Bewusstsein kam in Wogen zu mir. Es durchflutete mich immer mehr und trug mich weiter in seine Reiche hinein. Ich fühlte mich unendlich geborgen im Schoß von ALLEM was existiert. Ich war ein lebendiger Teil davon, ich konnte nicht verloren gehen und nicht vergehen. Ich war ewiges Bewusstsein, konnte mich als kleinstes Teilchen erfahren und gleichzeitig in das unendliche Gesamte ausdehnen.

Es kam eine Phase, die war wie ein Pendeln zwischen dem menschlichen Sein und den höheren Bereichen der Existenz. Ich entschwebte dem Körper, um im nächsten Moment wieder in ihn einzutauchen. Manchmal war ich mehr außerhalb als innerhalb meines Körpers. Nächtelang beobachtete ich ihn von außen. Manchmal fragte ich mich, ob ich mich je wieder mit ihm verbinden könnte, und während dieser Frage war ich meinem Körper ganz nahe. Dann war die Frage wieder verschwunden und ich schwebte in einem Zustand vollkommener Zufriedenheit, ohne Fragen. Es hätte bis in alle Ewigkeit keine Fragen mehr geben müssen.

Und doch ereignete sich immer wieder ein neuer Schritt. Es war kein Schreiten mehr, denn in diesem Zustand hatte ich keinerlei bestimmte Ziele mehr. Ich existierte im Jetzt und doch gab es immer wieder ein neues Erleben. Ich stand nicht still. Ich ruhte tief in mir und alles entwickelte sich harmonisch weiter. Ich befand mich im fließenden Sein.

Die nächtlichen Loslösungen von meinem Körper reduzierten die Identifikation mit meinem menschlichen Selbst noch weiter. Ich war reines, freies Bewusstsein, das alle gewünschten Formen annehmen und auch wieder auflösen konnte. Ich war vollkommen frei, das spürte ich immer deutlicher. In den ersten Nächten dieser Erlebnisse hatte ich Befürchtungen, ich würde einfach davonschweben. Ich hatte Bedenken, nicht mehr zu Jeshua oder unseren Kindern zurückkehren zu können. Nichts davon bewahrheitete sich. Ich konnte alles loslassen und gleichzeitig alles verkörpern. Ich liebte diese Zustände. Sie waren wie ein Studium des Erwachens für mich. Ich war sehr dankbar für den langsamen und achtsamen Weg. Mein Aufstiegserleben auf der Erde würde mir auch in anderen Dimensionen und Welten gut dienen und mir dort ganz neue Erfahrungen ermöglichen.

Oft hatte ich das Gefühl, ich könnte einfach alles loslassen und es wäre in einer einzigen Sekunde geschehen. Wie eine Frucht, kurz bevor sie vom Baum fällt. Doch wieder geschah nichts, ich ließ es immer noch nicht zu.

Es war wichtig, die menschlichen Widerstände loszulassen, denn meine Göttlichkeit würde sich nur mit mir verbinden können, wenn sie ohne jegliche Widerstände frei durch mich hindurchfließen könnte. Jegliche noch verbliebene Anhaftung, jegliches sorgenvolle Denken wäre wie eine verschlossene Tür gewesen. Mein menschliches Selbst wollte für den Empfang meiner Göttlichkeit vorbereitet sein. Die nächtlichen Erlebnisse ließen mich immer mehr den anmutigen Zustand der Widerstandslosigkeit erfahren. Ich liebte dieses sanft schwebende Gefühl. Meine inneren Barrieren traten beiseite und ließen meine Göttlichkeit immer mehr zu.

Dankbarkeit

Ich spürte so viel Dankbarkeit. An manchen Tagen konnte mein Herz vor Dankbarkeit überfließen. Erst langsam durfte ich lernen, diese Ausmaße auszuhalten. Gerade die Dankbarkeit erhöhte meinen Zugang zu ALLEM WAS IST. Ich empfand sie als eine Brücke in die göttlichen Reiche. Sie brachte mich in engen Kontakt mit der göttlichen Wahrheit hinter allen äußeren Formen. Sie öffnete mein Herz ganz weit und füllte es mit den Gefühlen der göttlichen Wirklichkeit an, die zart durch alle Formen hindurchschimmerte. Sie brachte mich dem Erkennen des besonderen Leuchtens nahe, das auch Jeshua in seiner göttlichen Verwirklichung ausstrahlte.

Dankbarkeit öffnete das Herz. Es öffnete die Verbindung zu unserem göttlichen Kern und ließ uns diesen in ALLEM erkennen.

Die äußeren Formen erschienen mir regelrecht durchlässig und die Wahrnehmung der göttlichen Essenz in den Formen trat für mich weiter in den Vordergrund. Zu Beginn war es nur die Ahnung dieses Leuchtens, erst später formte es sich zu einem Wissen, bis ich es dann fast sehen konnte.

Dieses Leuchten war die Präsenz von ALLEM WAS IST. Es zeigte die Gegenwart des Göttlichen, die in jedem Wesen und allen Formen existierte. Es war die Grundlage von ALLEM und brachte die verschiedensten Formen hervor. Jede Form war von Bewusstheit, von Liebe und Glückseligkeit durchdrungen und unsere Verbindung mit ihr, lag eingebettet in unserem göttlichen Kern, tief in unseren Herzen.

Dankbarkeit war ein tief erfüllendes Herzensgefühl, sie regte den göttlichen Kern an, sich zu offenbaren. Sie entsprang nicht der Vernunft und nicht äußeren Stimmen, die uns vorgaben, dankbar zu sein, für etwas, das vielleicht nicht einmal Teil unseres Lebens war. Dankbarkeit bezog sich nicht auf das Erlangen eines besonderen Ziels oder den Besitz von Objekten. Wahre Dankbarkeit war die reinste Freude über unsere Existenz. Darüber, dass wir wahrnehmendes Bewusstsein waren und die wahre Schönheit von jeglichem Ausdruck fühlen und erleben durften. Erst in einem solchen Zustand erfuhren wir echte Dankbarkeit und sie war eine Brücke zu unserer Göttlichkeit.

Mein Leben erfüllte sich an jedem Tag mehr. Besser gesagt konnte ich mich immer umfassender vom wahren Leben erfüllen lassen. Alle Sinne erweiterten sich und ich erlebte eine unglaublich tiefe Verbindung mit der Natur. Ich nahm Düfte intensiver wahr und sämtliche Klänge der Außenwelt erschienen plötzlich harmonisch für meine Ohren. Ich spürte erfüllende Gefühle, die aus allem zu mir strömten, was ich betrachtete. Ich begann das Leben zutiefst zu lieben und jeden Tag mehr Dankbarkeit für dieses kostbare Geschenk zu empfinden.

Zuvor wartete ich manchmal förmlich darauf, dass ich einfach verging, als ich meine alte Identität loszulassen begann. Doch nichts von alldem geschah und ich wunderte mich, dass ich überhaupt jemals in den alten Begrenzungen hatte leben können. Und doch hatten sie mir gut gedient. Ich hatte unterschiedlichste Ebenen meiner Qualitäten ausgelebt und sie von einem Potenzial in eine gelebte Erfahrung verwandelt. Dies brachte Herzensfacetten in mir hervor und aus ihnen gebaren sich ganz neue Potenziale der Schöpfung und erweiterte Erlebensperspektiven.

Die Schleier des Vergessens öffneten sich nun zusehends. Alles, was ich je erlebt hatte, erfüllte mich als gelebte Weisheit. Es gab schon lange kein Empfinden mehr von Jahren, Zeit oder vom Alter des Menschen, denn meine Bewusstheit ging im Hier und Jetzt auf. Alles, was ich in Zukunft oder Vergangenheit projiziert hatte, waren Gedanken und Gefühle und sie waren Teile meines Seins. Sie waren Projektionen und führten dazu, dass ich das Hier und Jetzt nicht wahrnehmen konnte. In ihnen war ich mir dieser Anteile nicht mehr bewusst und befand ich mich mehr an Orten des Nirgendwo als im wahren Sein. Nur im Bewusstsein der Gegenwart konnte ich vollkommen eins mit mir und ALLEM sein.

Ich erlebte einen fließenden, immerwährenden Moment. In diesem Zustand war auch mein Körper zeitlos. Befand sich mein Bewusstsein in einem Zustand des ewigen Jetzt, so gab es auch für ihn keinen Anlass mehr zu altern. Ich integrierte den reinen Seinszustand immer mehr, mein Erwachen schenkte mir viele erleuchtende Momente aus höheren Ebenen des Bewusstseins, die mich immer wieder berührten.

13

Erwachen

»Das göttliche Selbst ist vollständig
frei von menschlicher Macht. Es ist fähig,
aus unendlichen Möglichkeiten auszuwählen
und sie geschehen zu lassen.«

Tanz der Schmetterlinge

Meine Erlebnisse wechselten sich ab, ihre Intensität wurde größer, genau wie sie auch wieder nachließ. Ich befand mich in Zuständen der völligen Präsenz im Hier und Jetzt, ebenso wie ich auch wieder aus ihnen herausglitt. Immer wieder überkamen mich Phasen von Müdigkeit, denn auch mein Körper benötigte Zeit, um alles zu integrieren.

Eine Zeit lang begegneten mir besonders viele Schmetterlinge. Sie luden mich ein, sämtliche Facetten und Gefühle meines Seins, in jedem Moment, anzunehmen. Sie luden mich ein, mich frei von allem Geschehenen zu fühlen und meinen Blick in die Schönheit des JETZT zu legen. Ich flog innerlich mit ihnen und ihre zarte Beschwingtheit ließ mich Leichtigkeit fühlen.

Ich ahnte, dass ich alles tun könnte. Ganz gleich, was ich mir wünschte, ich könnte es tun. Diese Gefühle steigerten sich und schenkten mir Einblicke in die wahren Möglichkeiten meines Seins. Es lag keine Macht, in einem menschlichen Sinne, darin. Mein göttliches Selbst könnte alles sein, ganz einfach durch seine Wahl und ohne etwas kontrollieren zu müssen. Dieser Zustand war ohne angestrengtes Tun, ohne Kontrolle oder gar Gewalt. Es gab nichts zu erzwingen oder zu erreichen. Dies war keine missbrauchte Macht, die andere verdrängen oder sich selbst erhöhen wollte, und auch keine Kontrolle, die mit Anstrengung oder Verlustängsten unterfüttert war. Es war vielmehr der natürliche Zustand eines Jeden, sich in vollkommener Freiheit und in der Erfüllung aller Bedürfnisse zu erleben.

Wahre Macht war die Fähigkeit der Hingabe an den Fluss allen Seins.

Jegliches Erleben war möglich und über die göttliche Ebene der EINEN Quelle ganz selbstverständlich mit allen Wesen abgestimmt. Hier existierten vollkommene Liebe und Freiheit und alles war ganz von selbst in einem harmonischen Einklang mit ALLEM WAS IST. Alles war in Liebe verbunden.

Ich erlebte mich und gleichzeitig fühlte ich mich mit der Liebe und Weisheit aller Wesen verbunden. Es war ein wunderbares friedliches Gefühl der Selbstbestimmung. Ich fühlte mich vollkommen sicher.

Das göttliche Selbst war vollständig frei von menschlicher Macht. Es war fähig, aus unendlichen Möglichkeiten auszuwählen und sie geschehen zu lassen.

Die Schmetterlinge erfreuten mich, ich durfte ihre Farben fühlen und ihren Tanz erleben. Hinter ihren Erscheinungsformen lagen unbeschreibliche Bewegungen, Farben, Klänge und Dimensionen, die ihre Existenz begleiteten. Meine Gefühle verschmolzen mit ihnen und ich spürte ihre Welt in meinen Gefühlen. Wenn ich meine Augen schloss, sah ich sie in mir tanzen. Ich spürte, wie sie Glückseligkeit erlebten. Ich fühlte ihre Leichtigkeit und Beschwingtheit als einen Teil von mir selbst. Ich konnte es nicht mehr trennen. Es gab die Schmetterlinge und es gab auch mich und gleichzeitig schwangen wir als eins. Ich war auf der Erde und befand mich in dieser überwältigenden Wahrnehmung.

Die Schmetterlinge erweiterten meinen Horizont. In ihrer Leichtigkeit erkannte ich, dass viele Wege und Möglichkeiten existierten. Es gab keinen bestimmten, vorgegebenen Weg des Lebens oder des Erwachens, *sondern ich selbst erschuf ihn in jedem Moment.* Ich konnte ihn jederzeit verändern. Niemand anderes hatte den Weg für mich vorgeschrieben, keine äußere Quelle hatte ihn festgesetzt, nur ich selbst hatte ihn die ganze Zeit über erschaffen. Und ich konnte mich jederzeit neu entscheiden. Ich spürte die Kraft meiner Wahl und dass sie mein Erleben, in jedem Moment, neu erschuf. Es war vollkommen.

Ich erkannte, dass sich eine jede Seele auf ihrem Weg im Grunde selbst schulte und sich ihre eigenen Entwicklungsaufgaben gab. Es gab keine äußere Quelle, die dies tat, alles geschah fortwährend innerhalb unseres Selbst. Alles diente der Erfahrung und dem Wachstum. Jeder erlebte in jedem Moment die Realität, die er aufgrund seines Bewusstseinszustandes, bewusst oder unbewusst, erschaffen hatte.

Jegliche Stagnation, jegliches überlange Verweilen in einer ängstlichen Anhaftung stand dem natürlichen Wachstum entgegen. Die natürlichen Kräfte des Antriebs kamen dann zur Hilfe und brachten scheinbare Unordnung, als eine Herausforderung, hervor. Sie waren eine Einladung, etwas zu verändern und wieder mit den natürlichen Bewegungen des Lebens mitzufließen. Jeglicher leidvolle Zustand in meinem Leben war ein Ausdruck dieses Antriebs gewesen, um mich in eine andere Richtung einzuladen.

In meinem friedlichen Fluss erkannte ich auch, dass es weiterhin ein Potenzial für Trennung und negative Gefühle in mir gab. Es durfte einfach da sein, auch wenn es mein Erleben nicht mehr mitgestaltete. Es war wie ein guter Freund an meiner Seite, ein bewegliches Potenzial meines Seins, und durfte einfach sein. Es hatte mich so vieles gelehrt, doch ich hatte nun genügend Erfahrungen innerhalb der Trennung gesammelt.

In jedem Moment schälte sich mein wahres Selbst immer weiter hervor und öffnete sich wie eine Knospe im Frühling, die ihre Blütenblätter nacheinander entfaltete. Die Schmetterlinge brachten mich immer wieder in einen sanften Fluss, in dem ich eine tiefe Freude und Verbundenheit mit dem jeweiligen Moment fühlte. Alles wurde davon berührt und machte mir Freude. Ich empfand keinerlei Anstrengung mehr. Ich ließ geschehen, was mir der jeweilige Moment schenkte.

Jeder Schritt, jede Tätigkeit und auch jedes Innehalten und Ausruhen war ein Genuss. Alles erschien so leicht. Alles, was es brauchte, war meine wahre Bereitschaft. Das Eintauchen in das Hier und Jetzt führte mich in diese tiefe Bereitschaft, die ich gemeinsam mit den Schmetterlingen erreichte. Alles außerhalb dieses Zustandes begann sich schwer anzufühlen und so blieb ich einfach in der gesegneten Leichtigkeit und spürte die Offenbarung meines Weges.

Eines Tages würde ich einfach ankommen. Ich würde voller Anmut und von einer beschwingten Leichtigkeit getragen, dort ankommen. Durch die Schmetterlinge erblühte eine gütige Sanftheit in mir. Gesegnet waren die Tage und Nächte. Jeder Moment enthüllte die tiefgründige Schönheit der Erde, des Lebens und der Natur. Und auch die Begegnungen mit den Menschen ließen mich eine erfüllende Wärme und Verbundenheit spüren.

So vergingen viele weitere Monate.

Die nächste Schwelle

Eines Morgens erwachte ich mit einem Impuls der Neugier und Vorfreude. Etwas Neues wollte sich enthüllen und es fühlte sich an, als wollte ein Teil von mir eine Schwelle überschreiten. Gleichzeitig spürte ich, dass etwas in mir zögerte und nicht wusste, was mich wohl hinter der Schwelle erwarten würde. Ich stand auf ihr, mit allen Teilen meines Seins. Ich fühlte die Schönheit und Großartigkeit des Prozesses und auch, dass mich nach all der Zeit immer noch etwas zurückhielt. Etwas in mir konnte dem Überschreiten der Schwelle nach wie vor nicht vertrauen. Ich war eine Weile ganz bei diesen Gefühlen. Sie kamen und gingen und hielten mich auf der Schwelle. Ich kämpfte nicht gegen sie, sondern ließ sie einfach bei mir sein. Ich wandte mich ihnen wie eine liebvolle Mutter zu und gab ihnen das Gefühl, sie anzunehmen. Ich spürte, wie sie abzufließen begannen.

Ich fragte Jeshua, ob er diese Schwelle kennen würde. »Ja, natürlich« antwortete er, mehrfach hätte er vor solchen Schwellen gestanden. Nicht immer hatte er sie sofort überschreiten können. Es erforderte sein ganzes Vertrauen und so begann ich, meine zögerlichen Gefühle mit Vertrauen zu umhüllen.

Was würde durch das weitere Erwachen geschehen? Wir würden unser Sein in unglaubliche Bereiche erweitern, das sah ich an Jeshua. In seiner verwirklichten göttlichen Präsenz war er erst wirklich ganz er selbst. Wenn ER, seine göttliche Verwirklichung, nicht durch ihn hindurch strahlte, war sein menschlicher Teil nur ein kleiner Teil seines gesamten Wesens. Er erweiterte sich zu IHM, in eine sehr viel umfassende und erfülltere Ausstrahlung. Jeshua war sich seiner multidimensionalen Anteile bewusst. Er war sich seiner Leben auf der Erde, in anderen Welten und seines reinen göttlichen Seins bewusst. Er konnte die Qualitäten seines irdischen und überirdischen Seins nutzen. Was für eine unermessliche Erweiterung, verglichen mit dem kleinen Ausschnitt der menschlichen Bewusstheit.

Ich erlaubte, dass Vertrauen meine noch verbliebenen Bedenken erlöste. Dann begann ein körperlich sehr anstrengender

Abschnitt der Reise. Über meinen Kopf begannen sehr hohe Energien einzufließen und sie verlangten nach einer weiteren Öffnung meiner Nerven- und Lichtbahnen. Mein Körper reagierte viele Wochen mit unruhigem Schlaf.

Vorbereitungen meines Körpers

Der Erwachensprozess ähnelte der Öffnung einer wunderschönen Blüte – mitunter konnte es ein wenig dauern, bis sich alle Blütenblätter entfaltet hatten, aber eines Tages würde es unweigerlich geschehen sein.

Ich bemerkte, dass mein Körper auf seiner tiefsten Ebene das Licht meines Bewusstseins war. Er schien wie aus unzähligen, funkelnden Lichtkristallen zusammengesetzt. Dies war sein Lichtmuster, die Vorlage für seine Erschaffung, in der göttlichen Wirklichkeit meines Bewusstseins.

Ich konnte fühlen, dass mein Bewusstsein ihn geformt hatte, es hatte die Lichtkristalle auf diese Weise angeordnet.

Alle Impulse, dass die Lichtkristalle interagierten und eine bestimmte körperliche Form erzeugen würden, waren von ihm ausgegangen, einzig und allein von ihm.

Ich fühlte mich beachtlich gut, zeitlos, leicht und frei, doch mir wurde gewahr, dass es selbst jetzt noch begrenzende Muster gab, die aus den Reihen meiner Vorfahren stammten und die nach wie vor in den Lichtmustern meines Körpers mitschwangen. Sie wirkten wie kleine graue Nebel inmitten der strahlenden Lichtflut. Sie waren Lebensideen meiner Vorfahren und es war an der Zeit, auch sie aus meinem Körper zu entlassen. Obwohl ich bereits glaubte, meine Ahnenlinie vollständig freigegeben zu haben, befand sich hier immer noch eine Anbindung.

Ein Teil von mir zögerte wieder. Es war, als hätte mein Körper Angst, durch die Freigabe seinen Halt zu verlieren. Ich erlaubte auch diesen Befürchtungen zu gehen. Es war an der Zeit, dass sich die Lichtmuster meiner Zellen wieder mit meiner Göttlichkeit synchronisieren konnten. Ich ließ geschehen und bemerkte plötzlich, dass sich die Dynamik des Loslassens der alten Energien völlig natürlich anfühlte. Eigentlich war das Freigeben der Ahnenenergien ein ganz natürlicher Vorgang, der im Leben eines jeden Menschen stattfinden sollte. Doch er war weitestgehend vernachlässigt und verlernt worden. Nur einige Naturvölker hatten diese Tradition beibehalten. Blieben wir in den Energien und Vorgaben unserer Ahnen verhaftet, konnten wir immer wieder Themen aus fremden Ideenfeldern ausagieren.

Ich spürte meinen ursprünglich freudigen Wunsch, in einem irdischen Körper zu leben, und nahm ihn jetzt als reines Licht wahr. Nun gab es keine fremden Energien mehr innerhalb seines Lichtes, die zu anderen Seelen gehörten. Ich spürte ihn wieder als mein eigenes, lichtes Reich. Die ursprüngliche Ebene meiner DNA erschien rein und leuchtend.

Es gab immer noch höhere Ebenen meines Bewusstseins, die hoch und weit in den Kosmos hineinreichten. Ich konnte keinen Anhaltspunkt und kein Ziel wahrnehmen. Sie erstreckten sich einfach in die Endlosigkeit meines Horizontes. Ich spürte auch dort hinein, wartete eine Weile und allmählich wurde mein innerer Blick klarer. Ich hatte das Gefühl, als würde ich mehrfach die Perspektive zwischen meinem Sein auf der Erde und dieser endlosen Ebene wechseln. Beide begannen sich nun miteinander zu verbinden und sich zu synchronisieren.

Plötzlich nahm ich die Energien meiner Geburt wahr. Ich sah die liebevolle Verabredung zwischen den Seelen meiner Eltern, meiner Vorfahren und mir. Ich spürte Strömungen unglaublich starker Liebe, die mich und meine irdische Familie verbanden. Hier nahm ich auch Jeshua wahr. Wir reichten uns die Hände und verabredeten unsere Leben auf der Erde. Ich nahm Freunde und Vertraute aus vielen Leben wahr. Eine tiefe Liebe und auch Freude erfüllten diesen Raum der Verabredung. Alles war von tiefer Freude und Hingabe durchströmt, die bis in meinen Körper floss.

Von Beginn an war ich in das einladende Netz der Liebe, all der hier präsenten Seelen, eingebettet gewesen. Wir waren verabredet und unsere Lebenswege waren sicher miteinander verbunden. Hier hatten wir uns voller Vorfreude auf eine neue gemeinsame Lebenszeit eingelassen.

Weitere Bereiche meines Bewusstseins öffneten sich und erfassten meinen biologischen Körper neu.

Ich bewegte mich wie an einem sich immer noch weiter ausdehnenden äußeren Rand meines Bewusstseins. Auf dieser Ebene spürte ich deutlich, dass es auch eine Verbindung zwischen meiner Körperschwingung und der Erde gab. Auf einer ganz bestimmten Ebene waren mein fester Körper, meine Zellen und Zellkerne sorgfältig mit der Erde abgestimmt. Es gab eine Vibration, die im Feld der Erde wie auch in meinen Zellkernen schwang. Es war nun an der Zeit, auch diese Verbindung loszulassen. Und so ließ ich auch die Planetenverbindung zur Erde los und erneut veränderte sich mein Energiefeld. Es erfuhr eine abermalige Ausdehnung, wie ein konzentrischer Ring, der sich nun weit über seinen bisherigen Rand hinaus erstreckte. Auf dieser Ebene spürte ich, dass ich die Form meines Körpers im

Grunde neu anordnen und auch wieder loslassen konnte. Ich versuchte diesen Bewusstseinszustand mit in meinen Körper zurückzunehmen. Doch es war damals sehr schwierig und er integrierte sich nicht nachhaltig für mich.

So brachte ich zwar den Zustand der Erkenntnis mit zurück, doch es reichte noch nicht aus, um meinen physischen Körper mit meinem Bewusstsein zu verschmelzen. Ich wusste zwar, wie es sich anfühlte, doch konnte ich es noch nicht integrieren. Dieser Weg sollte noch anders verlaufen.

Erwachen in der Einheit des Seins

Manchmal war mir meine Göttlichkeit so nahe, dass ich sie direkt zu berühren schien, doch dann wieder schien sie mir unerreichbar entfernt. Ahnungen, dass meine dauerhafte Verschmelzung mit ihr bald geschehen könnte, stiegen in mir auf. Manchmal kam es mir vor, als könnte es in überwältigender Intensität geschehen, und anderseits ahnte ich, dass es auch ganz unscheinbar, sanft und leicht sein könnte.

Und so vergingen weitere Tage.

Nachts wachte ich oftmals schweißgebadet auf. Mein Körper begann zu zittern, denn er setzte sich mit den stetigen Energieanhebungen auseinander. Die Verbindungen und Bahnen in meinem Gehirn schienen sich neu zu ordnen. Häufig war ich nachts hellwach. Meine göttliche Präsenz war gegenwärtig und ich verspürte kaum Bedürfnis nach Schlaf.

Die Zirbeldrüse in meinem Kopf weitete sich und empfing nun größere Mengen von Licht aus der göttlichen Wirklichkeit. Mein Nervensystem passte sich an. Mein Körper brauchte anschließend viele Tage, um alles aufzunehmen und sich wieder zu entspannen. In manchen meiner Traumphasen blitzte mein göttliches Selbst hindurch. Es waren Momente vollkommen klarer Präsenz. Ich sah und verstand alles. Es gab keine offenen Fragen mehr. Ich spürte erfülltes, klares und präsentes Sein. Mein Körper schüttelte sich danach manchmal regelrecht und ich brauchte oft den ganzen Vormittag, bis er sich wieder beruhigte. Diese Phase war recht anstrengend und ich gab mir viel Ruhe, um alles zu verarbeiten.

Ich spürte intensive Selbstliebe und erlebte mich in großem Mitgefühl für mich und meinen Körper. Ich war einfach präsent und ließ mich in den Augenblick fallen, ohne etwas erreichen zu wollen. Die Gefühle meiner inneren Zuwendung intensivierten sich. Ich blieb einfach in mir, wie eine Raupe in einem Kokon. Es gab nichts mehr zu tun, ich konnte den natürlichen Prozess nur noch geschehen lassen. Ich spürte kein Streben mehr, keine Ziele. Ich ging nach wie vor viel in die Natur hinaus und war ganz bei mir.

Meine Selbstliebe intensivierte sich und zeitweise erschien es mir, als sei sie das Einzige, was noch an Gefühl existierte. Sie war in mir und sie war gleichzeitig ich. Es war mir nicht mehr möglich, außerhalb der Selbstliebe zu sein. In diesem Zustand konnte ich nur noch vollkommen mitfühlend mit mir und allem sein. Diese Gefühle brachten mich an einen Punkt reinen Seins, der sich zunächst fast unbeweglich anfühlte. Es war, als ob sich alles tief in mir sammelte, um sich dann endgültig zu öffnen.

Und in der höchsten siedenden Selbstliebe, als es sich anfühlte, als würde darunter etwas Neues zum Vorschein kommen wollen – veränderte sich plötzlich alles. In einer ruhigen Nacht erwachte ich in meine Verwirklichung. Sie ließ mich aus meinem Schlaf auftauchen. Ich befand mich auf meinem Lager und öffnete meine Augen zunächst nicht. Ich spürte einfach nur.

Die siedende Selbstliebe hatte sich beruhigt und aus meinem Innersten heraus hatte sich ein Gefühl tiefen Friedens und der Erfüllung aufgetan. Es war, als wäre ich einfach ganz sanft in dieses unbeschreibliche Gefühl hineingeglitten. Mein menschliches Selbst hatte sich meinem göttlichen Sein vollkommen hingegeben und meine Göttlichkeit umarmte den Menschen in mir.

Es war, als ob zwei vorher verschiedene Perspektiven und Seinsbereiche nun endlich ganz zusammenflossen und eine gemeinsame Mitte fanden. Die göttliche Seinsebene nahm den Menschen in mir vollkommen auf.

In diesem tiefen Frieden trafen und verbanden sie sich. Sie mussten sich gar nicht wirklich verbinden. Vielmehr erkannten sie sich. Sie erkannten sich als zwei verschiedene Wahrnehmungsperspektiven und die Grenze zwischen ihnen löste sich einfach auf. Beides war nun wieder vereint. Ich war vereint in mir. Alle Teile in mir befanden sich in tiefstem Frieden, wir befanden uns in einem gemeinsamen Sein.

Unbeschreibliche Gefühle der Liebe durchflossen mich. Es war, als ob sich in diesem ewigen Moment sämtliche Welten wieder für mich öffnen würden. Ich konnte die Erfahrungen und die Essenz der Weisheit aller Dimensionen wahrnehmen. Alles Wissen stand mir frei zur Verfügung, es war auch ein Teil meines multidimensionalen Seins. Eine unglaubliche Erweiterung fand für mich statt. Alle Welten schwangen in mir und ich konnte alle Welten erleben. Ich war eins mit ALLEM. Ich existierte nicht mehr länger in einem begrenzten Rahmen.

Mein Sein erfüllte die Schöpfung und sie erfüllte mich.

Ich fühlte Liebe, die mit keinem menschlichen Gefühl zu vergleichen gewesen wäre. Ein überirdisch schönes Gefühl, völlige Erfüllung. Ich wusste plötzlich, ich war angekommen. Es war ein Gefühl, erfüllt in Glückseligkeit und gleichzeitig in tiefstem Frieden. Alles, wonach ich gesucht hatte, war nun da und ich erlebte mein verwirklichtes Sein.

Ich konnte in diesem überwältigenden, strahlenden Gefühl meiner Verwirklichung verbleiben und ich konnte mich sogar auch wieder begrenzen, wenn ich dies wünschte, doch sie war nun mein dauerhafter Seinszustand. Ich war auf einer neuen Ebene meines Seins erwacht. Es war vollbracht.

Eine Träne der Berührung und Glückseligkeit floss aus meinem rechten Auge. Sie glänzte. Ich hielt meine Augen immer noch geschlossen und dennoch konnte ich sie sehen, denn das Sehen war nicht länger auf meine menschlichen Augen begrenzt. Ich erblickte meine Wange, mit der Leuchtendsten aller Tränen darauf. In ihr glitzerten Fünkchen, wie die Sterne am Firmament. Sie leuchtete wie ein Diamant in der Sonne, denn sie war vollkommen.

Sie war eine göttliche Träne der Verwirklichung.

Ich war tatsächlich angekommen.

14

Leben in einem aufgestiegenen Bewusstsein

»Der natürliche Zustand ist Liebe und alles, was nicht in der Liebe ist, ist nur eine vorübergehende Erfahrung.«

Leben in einem aufgestiegenen Bewusstsein

Was genau war Erleuchtung oder Verwirklichung? Es war die Verschmelzung meines göttlichen Bewusstseins mit meinem menschlichen Selbst. Sie geschah ganz von selbst, nachdem ich meine sämtlichen Leben und Anteile, die sich durch leidvolle

Erfahrungen zersplittert hatten, wieder integriert hatte. Sie brachte mich in mein höchstmögliches Potenzial auf der Erde und enthob mich des Zustands von Leid. Sie war das bewusste Erleben der Einheit mit ALLEM WAS IST. Ich erkannte Innen und Außen als eins.

Meine Realität gestaltete sich in diesem glückseligen Zustand ganz von selbst, ohne mein besonderes Zutun, so wie es mir am besten diente. Ich ließ mich von meinen Schöpfungen überraschen und lebte einfach das, was auf mich zukam. Es ging nicht darum, es vorherzusehen, wahre Schöpfung war keine Planung, sondern ich ließ sie mich einfach erleben, in dem Wissen, dass sie vollkommen für mich war.

Es gab es nur noch Vertrauen. In allen Wesen und Dingen spürte ich Liebe und den göttlichen Funken. Ich fühlte die grenzenlose göttliche Wirklichkeit, aus der alle Formen und Realitäten ständig hervorgingen, um erlebt zu werden.

Ich konnte mich entscheiden, auf der Erde in einem Körper zu verweilen, oder könnte ihn loslassen und mich in höhere Welten hineinbewegen. Doch ich entschied mich, noch auf der Erde zu bleiben, denn ich wollte sie erst einmal durch diese neue Perspektive entdecken.

Erst jetzt nahm ich tatsächlich auf allen Ebenen ihre Schönheit und die wahre Tiefe ihrer Lebendigkeit wahr. In jedem Wesen erkannte ich deutlich das göttliche Licht, in jedem Blatt, jeder Pflanze, jedem Wassertropfen und auch im Erdkern nahm ich das Licht der vollkommenen Göttlichkeit wahr. Ich begriff, dass alles in Ordnung war, so wie es war.

Es gab nichts zu tun oder zu erreichen, es war einfach die höchste Freude in jedem Moment zu SEIN.

Jede Seele hatte sich die für sie momentan passenden Lebensumstände bewusst oder unbewusst erschaffen. Es war nicht angemessen, sie zu bewerten. Mein Bewusstsein befand sich außerhalb aller Wertungen.

Auf der Erde gab es sehr häufig eine große Kluft zwischen den Lebensumständen der Menschen und dem, was ihr Verstand sich wünschte. Ihr Lebensglück konnte nicht verwirklicht werden, solange Teile von ihnen noch in Angst, Gewalt und Verletzung gebunden waren. Viele Menschen versteckten sich und hatten aufgrund ihrer Verletzungen Angst, das Leben wirklich zu spüren. In ihrem Herzen verbargen sie Trauer, Kummer, Gram, Sorgen und zahllose Ängste. Sie klammerten sich an alles, was sie gewohnt waren, weil sie sich noch nicht trauten, neue Schritte zu gehen. Durch die vielen Inkarnationen waren sie tief in den Auswirkungen ihrer bisherigen Erfahrungen verstrickt. Sie benötigten oftmals einen längeren Weg der Rückerinnerung, weil sie so viele Leben gelebt hatten, die immer tiefere Verletzungen und Überzeugungen von Trennung hinterlassen hatten.

Es gab auch Menschen, die ihren ausgewählten Lebensfluss einfach genossen. Dennoch war ihr Bewusstsein nicht aufgestiegen und auch nicht erleuchtet. Sie hatten ihren Fokus auf ganz bestimmte menschliche Erfahrungen, auf ein Erleben von Familie, Partnerschaft, Freundschaft, Berufung oder anderes fokussiert und wollten diese in Ruhe durchleben, bevor sie sich für weitere Erfahrungen öffneten. Jeder erfuhr seinen ausgewählten Bereich. All dies konnte ich nun vollkommen akzeptieren, es stand für mich keinerlei Bewertung im Raum. Ich konnte alles annehmen, betrachten und so belassen, wie es war. Jeder entschied selbst den Zeitpunkt, zu dem er etwas verändern wollte.

Alles hatte ein Potenzial für Veränderung, wenn es bereit war. Wachstum konnte angeregt, verlangsamt oder beschleunigt, aber niemals erzwungen werden.

Das Wachstum war wie eine Knospe, das begriff ich nun. Durch eine gewaltsame Öffnung würde sie nicht erblühen, sondern viel zu früh zerstört werden.

Ich spürte tiefe Achtung vor der Großartigkeit der Schöpfung. Wie vollkommen doch alles zusammenwirkte. Eine jede Seele hatte genügend Raum für ihren Ausdruck. Allein auf der Erde hatten unzählige verschiedene Realitätsfrequenzen nebeneinander Platz. Ich erlebte eine ganz andere Realität als mein Nachbar, und doch waren gleichzeitig lebendige Interaktionen untereinander möglich. Einem jedem Menschen, einem jeden Wesen war die Freiheit geschenkt, sich in seiner ganz eigenen Ebene von Realität zu erfahren. Die Menschen lebten und reiften, erfuhren und entfalteten sich. Eines Tages würden auch sie den Wunsch spüren zu erwachen und etwas Neues, über ihre bisherige Existenzmöglichkeit hinaus, zu entdecken. Irgendwann würde auch ihr göttlicher Kern im Herzen den Wunsch nach Rückverbindung anregen.

Die Welt erfüllte mich und ich sie. Das göttliche Licht war in mir, durchfloss mich und ich atmete das Licht der Welt ein.

Wir waren wieder eins und so lebendig wie nie zuvor.

Manche Menschen um mich herum spürten, dass sich etwas in mir verändert hatte. Sie spürten es und konnten es sich doch nicht erklären. Ich konnte weiterhin mit unseren Freunden und anderen Menschen zusammenleben und das Beste aus unseren Begegnungen erfahren. Meine neue Ausstrahlung konnte sie berühren, balancieren und Veränderungen bei ihnen auslösen, wenn sie dazu bereit waren. Ich war mit ALLEM WAS IST wieder auf ganz natürliche Weise verbunden und vollständig aus meiner eigenen Quelle versorgt.

Jeshua war noch an meiner Seite. Wir waren uns auf allen Ebenen nahe und manchmal nahm ich sein Gesicht, über den ganzen Himmel strahlend, wahr. Wir waren auf der Erde verwirklicht, wir konnten beide im Körper sein und miteinander sein. Es war und ist eine einzige Feier des Seins.

Die Einzigartigkeit einer jeden neuen Erfahrung überraschte mich. Nichts war langweilig geworden, ganz im Gegenteil. Erst jetzt erkannte ich die sämtlichen, feinen Abstufungen der Erfahrungen. Allein der Anblick eines Menschen, einer Pflanze, eines Tieres oder der Genuss eines Getränkes erschuf so viele Facetten von Erfahrung und Glückseligkeit, die ich erst jetzt vollständig auskosten konnte.

Es war eine überreiche Art zu leben und ich wollte das Leben auf diese Weise neu entdecken. Meine göttlichen Sinne ermöglichten mir zusätzliche Dimensionen der Wahrnehmung. Ich konnte die Dinge und Geschehnisse multidimensional auf vielen verschiedenen Ebenen gleichzeitig wahrnehmen und ihre Essenzen spüren.

Ich konnte mein Bewusstsein in hochschwingende Realitäten, bevölkert von reichem Leben, außerhalb der Erde hineinbewegen. Ich konnte all das wahrnehmen oder auch wieder davon zurücktreten, es war meine eigene freie Entscheidung. Alle Bewegungen waren wieder frei. Ich spürte, wie sich das göttliche Licht und die Schöpfung durch mich ausdrückten und ich mich durch sie.

Ich hätte meinen festen Körper als Maria Magdalena jetzt verlassen können. Es wäre kein herkömmliches Sterben gewesen, sondern ein bewusstes, anmutiges Hinausgleiten aus dem Körper, durch meine eigene Entscheidung. Ich konnte die Zeit jetzt selbst bestimmen. Die meisten Aufgestiegenen Meister der vergangenen Jahrhunderte verließen ihren Körper meistens sehr rasch nach ihrem Aufstieg und führten ihre Leben lieber in höheren Dimensionen weiter, da es dort sehr viel mehr Entfaltungsmöglichkeiten für sie gab. Sie hatten alles Gewünschte auf der Erde erreicht. Zudem konnte es eine gewisse Herausforderung darstellen, als erleuchteter Mensch das Leid der anderen Menschen weiterhin wahrzunehmen. Damals waren kaum Menschen für ihre Erleuchtung bereit, nur wenige waren den Weg schon so früh vorausgegangen.

Mein Zusammenleben mit Jeshua und meiner Familie ermöglichte mir zunächst eine andere Wahl. Jeshuas Begleitung unterstütze meinen Prozess und gab mir einen Grund, weiter auf der Erde verweilen zu wollen. In der heutigen Zeit werden die Menschen ihren Körper im Aufstiegsprozess viel leichter integrieren und sich entscheiden können, in diesem Zustand viele weitere Jahre auf der Erde zu verbringen, denn allein die Impulse, die aus ihrer Anwesenheit strömen, werden das Massenbewusstsein der Menschen kraftvoll in Richtung Freiheit und Erwachen unterstützen.

15

Der Aufstieg meines Körpers

»Jedes einzelne Wesen ist ein lebendiger Teil
der göttlichen Quelle und bereichert die
vollkommene Schönheit der Schöpfung.«

Der Aufstieg meines Körpers

In all den Jahren meines Erwachensweges war es mir nicht gelungen, meinen Körper zu integrieren. Ich wandte mich ihm immer wieder liebevoll und behutsam zu, doch es war mir nicht möglich. So ließ ich ihn nach zwei weiteren Lebensjahren in meinem erleuchteten Zustand auch in jenem Leben wieder auf der Erde zurück. Ich hatte alles erreicht, was ich mir für dieses Leben vorgenommen hatte, und noch viel mehr. Ich hatte eine erfüllte Partnerschaft gelebt, wundervolle Kinder aufwachsen sehen, tiefe Freundschaften und berührende Begegnungen erlebt. Ich wurde reich beschenkt und war vollkommen erfüllt. Ich hatte mein Leben gemeistert, und mein göttliches Selbst mit dem Menschen in mir verbunden.

Ich wusste, dass ich noch nicht bereit war, die letzten Schritte gemeinsam mit meinem Körper zu gehen, um auch seine Essenz ganz bewusst zu integrieren. Und so ließ ich ihn eines Nachts sanft los. Er schlief friedlich ein, in einer warmen Sommernacht. Er sah glücklich und zufrieden aus und mein freies Bewusstsein glitt einfach aus ihm hinaus, so wie ich es entschieden hatte.

Doch als ich ihn verließ und mein friedliches Gesicht noch einmal liebevoll von außen betrachtete, erfüllte mich plötzlich tiefstes, überwältigendes Mitgefühl für meinen Körper. Sein Anblick berührte mich so tief, dass eine Art erkennende Traurigkeit, in einem unbeschreiblichen Mitgefühl, aus meinem Herzen floss, die eine direkte Veränderung bewirkte.

Ich wusste, dass ich nun bereit war, auch noch meinen Körper während eines Lebens vollständig anzunehmen und ihn ebenfalls als Teil meines Selbst zu erkennen. Und in jenem Moment, als ich ihn losließ, wusste ich, ich würde erneut als Mensch inkarnieren, um es zu vollenden. Es war in jenem Moment mein innigster Wunsch, auch den Schritt des Aufstiegs mit dem Körper zu erleben und es als besondere Erfahrung anzunehmen. Es wäre nicht notwendig gewesen, denn mein Bewusstsein war gänzlich befreit, und es gab keine

Identifikationen mit Ursache-, Wirkungsprinzipien mehr, die mich noch auf der Erde gebunden hätten. Ich hatte mich aus dem alten Spiel des Karma gelöst.

Ich hatte es als Selbstregulation erkannt, um Ausgleich und Balance in meinen Erfahrungen zu erschaffen.

Doch der Aufstieg meines Körpers hielt noch eine ganz besondere Note von Anmut und Mitgefühl in sich verborgen, so dass ich mich plötzlich danach sehnte, auch sie noch zu erfahren. Und so beschloss ich, die Integration meines Körpers in einem anderen Leben fortzusetzen.

Noch während ich meinen friedlichen Körper in brennender Liebe ansah, war die Entscheidung einer erneuten Inkarnation in mir gefallen. Und existierte sie nicht schon längst in diesem zeitlosen Moment? Ein Gefühl tiefen Wissens durchflutete mich … und ich ließ los …

… ich sah wunderschöne Landschaften vor mir, wogende Flächen von Lavendel. Der sommerlich süße Duft der Felder erfüllte mein ganzes Sein. Ich nahm die wärmende Sonne, die Geborgenheit und Schönheit des Landes wahr, das ich ausgewählt hatte. Ich sog die Energie des Ortes tief ein und beobachtete das Land als ein freier Geist. Hier fühlte es sich richtig an, hier wollte ich sein.

Der gewählte Ort war Frankreich, gegen Ende des achtzehnten Jahrhunderts. Ich kam als Mädchen mit blondgelocktem Haar, geboren durch eine liebevolle Mutter und beschützt von einem fürsorglichen Vater, zur Welt. Ich erlebte wundervolle Jahre meiner Kindheit und stand als kleines Kind verzückt vor einem reich geschmückten Baum. In jenem Moment fühlte ich etwas ganz Besonderes. Es war, als würde ich an etwas erinnert, ohne es begreifen zu können. Es war, als würde ich von etwas zutiefst Liebevollem berührt, das ich als Kind zunächst nicht begreifen konnte.

Raum und Zeit waren in jenen Momenten weit geöffnet, die Gegenwart meines multidimensionalen Seins schimmerte durch die Dimensionen hindurch und verschmolz mit meinem kindlichen Bewusstsein zu einer gemeinsamen Perspektive. Ohne es verstehen zu können, spürte ich bereits, dass hier etwas Außergewöhnliches geschah. In diesen Momenten erreichten mich Erwachensimpulse, die ich meinem multidimensionalen Sein einst als Maria Magdalena gegeben hatte.

Mein Bewusstsein war bereits in meiner Kindheit recht weit geöffnet. Viele Dinge der Erwachsenen langweilten mich und ich versuchte, so gut es ging, an den Lebenserfahrungen teilzunehmen. Ich übte mich immer wieder darin, mich auf sie einzulassen, und fand schließlich auch wieder meine Freude daran.

In meiner späteren Jugendzeit erlebte ich eine sehr schöne Beziehung mit einem wunderbaren Mann. Unsere Wege trennten sich, als wir Ende zwanzig waren. Er zog fort, um seiner Berufung zu folgen, und auch ich hatte längst bemerkt, dass sich meine Begeisterung in diesem Leben auf etwas ganz anderes ausrichtete. Einige Jahre hatte ich nun damit verbracht, die Vorzüge meines Lebens zu genießen. Ich liebte meine Familie, die Jahre meiner Partnerschaft und meine Freunde. Dann spürte ich, dass ich für etwas anderes in dieses Leben hineingekommen war. Mein erwachtes Bewusstsein kehrte schrittweise zurück und wies mir den Weg.

Ich fühlte mich oftmals müde und wusste einfach nicht, was mir fehlte. Ich begann mich unwohl in meinem Körper zu fühlen, obwohl ich nicht krank war. Meine Aufmerksamkeit für ihn wurde geweckt. Einige Zeit versuchte ich mich abzulenken, denn ich konnte noch nicht einordnen, was geschah.

Manchmal hatte das Gefühl, als könnte ich meinen Körper regelrecht auflösen und wiedererschaffen. Ich blieb eine ganze Zeit zurückgezogen und benötigte meine ganze Aufmerksamkeit für meinen Prozess. Ich begann in meine innere Stille zu gehen und bat meinen Körper, mir zu zeigen, wonach ich schauen sollte.

Ich bat viele Tage und Nächte um Wegweiser und eines Abends nahm ich die Antwort in Form einer tiefen und schier endlos erscheinenden Traurigkeit wahr. Ich spürte einen riesigen See aus Traurigkeit und nahm wahr, dass mein Körperwesen sie hervorbrachte. Es war wie der gesammelte Schmerz meines Körpers aus sehr vielen verschiedenen Leben. Ich nahm ein Gefühl der Schwere in mir wahr und dass sich mein Körper in der Realität der Erde gefangen fühlte. Er fühlte sich unverstanden und einsam. Immer wieder hatte ich ihn in unbewussten Sterbeprozessen einfach auf der Erde zurückgelassen.

Mein Körper weinte vor Traurigkeit. Ich fing ihn auf und hörte ihm zu. Ich erlebte einige Tage, in denen die Traurigkeit einfach aus ihm herausfloss. Ich war bei ihm und ließ es geschehen. Mein Körper hatte sie tief in sich aufgenommen und die ganze Zeit über getragen. Ich kam ihm immer näher und gab ihm das Gefühl, dass er mir vertrauen konnte. Immer umfassender begann ich zu erkennen, dass auch er ein Teil von mir war und in manchen Momenten spürte ich plötzlich eine überwältigende Liebe zu ihm.

Auf einer sehr tiefen Ebene wurde mir immer bewusster, dass ich ihn selbst erschaffen hatte. Aus der Tiefe meines Herzens heraus hatte ich seiner Energie die Bestimmung gegeben, mein Körper zu sein. Er war ein Teil meines Bewusstseins, er war verdichtetes Licht und bewegte Energie. Er diente mir, um in das Erleben auf der Erde eintauchen und die erschaffene Realität von innen heraus erleben zu können, statt nur ein von außen beobachtendes Bewusstsein zu sein.

Er machte seine ganz eigenständigen Erfahrungen und auch er war nichts anderes als eine Erlebensperspektive von mir selbst.

Das allmähliche Vordringen zu seiner Essenz berührte mich immer tiefer, ich begann die tiefe Liebe meiner Göttlichkeit zu spüren, die ihn in inniger Zuwendung erschaffen hatte. Mein Körper erlebte die Realität aus seiner ganz eigenen Perspektive und fügte diese Weisheit meinem gesamten Sein hinzu.

Ich wollte nicht, dass er je traurig war, doch er war der Teil von mir, der meine Begrenzungen auf der Erde hautnah erlebte. Er wurde ganz unmittelbar davon berührt und oft auch verletzt. Doch das körperliche Leid war hierbei nicht der gravierende Punkt, wie ich nach vielen Monaten spüren konnte. Die körperlichen Schmerzen blieben nicht unbedingt in ihm erhalten. Er verwandelte diese Erfahrungen gar in eine wunderschöne Weisheit, die sehr große Kraft gebar. Die schlimmsten Wunden waren vielmehr jene, die ich ihm selbst zugefügt hatte. Es waren die bitteren Momente der Ablehnung, in denen ich mich nicht wohl in ihm gefühlt hatte, und es waren Momente, in denen ich mein Leben einfach verließ, ohne es ihm mitzuteilen.

Einige meiner Tode kamen sehr überraschend für ihn, er erlebte immer wieder Sterbeprozesse, in denen ich noch sehr unbewusst war. Und selbst in den spirituell wacheren Leben vernachlässigte ich meinen Körper oftmals.

Es kam mir einfach nie in den Sinn, dass auch er zu mir gehörte. Manche der alten Wege lehrten eine Ablehnung und gar Kasteiung des Körpers, um den Geist zu befreien.

Was für ein Irrtum!

Gerade diese Ablehnung erschuf die stärkste Trennung zwischen meinem freien Bewusstsein und meinem Körper.

Mein Körper hatte Schmerz und Angst eingespeichert, von mir verlassen zu werden. Ich hatte als Maria Magdalena, wie auch in anderen Leben, große Verlustängste erlebt und die Schuld denjenigen gegeben, die mich verlassen hatten. Dabei hatte gerade auch ich einen Teil von mir selbst, meinen eigenen Körper, immer wieder und wieder, einfach verlassen.

Ich begann innere Bilder zu sehen, in denen ich ihn zurückließ und mir keine weiteren Gedanken um ihn machte. Ich glitt vollkommen unbewusst aus ihm heraus oder ging am Ende eines Lebens in die höheren Dimensionen zurück, ohne ihn zu beachten. Ich dachte nur an meinen Wunsch, die Erde zu verlassen, und nahm keinerlei Rücksicht auf ihn. Mein Körper blieb traurig, einsam und schmerzerfüllt zurück.

Doch jetzt blickte ich ganz anders auf das Geschehen. Er war ein Teil von mir, den ich im Stich gelassen hatte, und das mehr als nur einmal. Als ich dies erkannte, begann ich unvermittelt laut zu weinen. Ich weinte fast die halbe Nacht hindurch, weil ich den tiefen Schmerz meines Körpers nun endlich vollkommen verstehen und zulassen konnte.

Ich spürte, dass der Schmerz zu mir gehörte und dass auch mein Körper vollkommen zu mir gehörte. Er war ich, in einer anderen Erlebensperspektive meines Bewusstseins. Ich umarmte ihn. Ich gab ihm aus meinem tiefsten Inneren nun Halt. Erst jetzt konnte ich die vollkommene Verbindung wirklich spüren. Erst jetzt war der Zugang zu ihm wirklich geöffnet. Nach all den Jahren, in denen ich es versucht hatte, war ich erst jetzt ganz zu ihm durchgedrungen. Mein Schluchzen beruhigte sich, mein Körper beruhigte sich in meiner liebevollen Zuwendung und auch ich beruhigte mich. Und so schlief ich ein.

Am nächsten Morgen erwachte ich mit einem Gefühl, als ob meine Körperzellen glitzern würden. Winzige Lichtpartikel schienen in meinem Körper zu leuchten und diese Wahrnehmung hielt einige Stunden an, bevor sie wieder verschwand. Ich hatte das Gefühl, als könnte ich sämtliche Moleküle meines Körpers bewegen und verändern. Meine Zellen und Strukturen ordneten sich ganz neu. Mein Bewusstsein durchlichtete meinen festen Körper und es fühlte sich so an, als könnte ich ihn einfach neu zusammensetzen. Es war ein Prozess, der viele weitere Monate währte. Die Erkenntnis der wahren Beweglichkeit meiner Körperenergie blitzte immer wieder auf und integrierte sich jeden Tag tiefer. Über manche Stunden war ich tief in dieser Erkenntnis verankert, während sie dann wieder abflachte und mir mein Körper wieder fester und begrenzter erschien. Nur die vollständige Anwesenheit meines Bewusstseins konnte die Begrenzung, als die ich meinen Körper noch erfuhr, in jedem Moment durchschauen und verändern.

Ich hatte mich oft gefragt, was ich hier auf der Erde tat. Keine der klassischen Lebensrichtungen wie eine Familie zu gründen, bestimmte Tätigkeiten zu verrichten oder bestimmte Orte aufzusuchen, fühlte sich je richtig für mich an. Doch jetzt war ich genau bei dem angekommen, was ich erleben wollte. Ich erkannte, dass meine Partnerschaft mir nur dazu gedient hatte, zu erkennen, dass ich mich an keinem Menschen mehr festzuhalten brauchte. Wir konnten einander einfach in Liebe wieder loslassen. Wir spürten beide, dass sich ein gemeinsamer Weg jetzt nicht richtig anfühlte.

Der Wunsch, meinen Körper zu integrieren, wurde aus tiefster mitfühlender Liebe am Ende meines Lebens als Maria Magdalena geboren und erzeugte eine liebevolle Resonanz, in der ich meine Eltern auswählen konnte. Ich durfte sie lieben und mich von ihnen lieben lassen. Ich spürte immer deutlicher, dass die Feststofflichkeit meines Körpers eine Illusion war. Ich erlebte ihn nun mehr als Energie, die ich verdichten und auch bewegen konnte. Ich war in meinem jetzigen Leben niemals krank gewesen und war diesbezüglich anders als andere. Es war auf mein erhöhtes Bewusstsein zurückzuführen, denn es war keinerlei Überzeugung von Krankheit mehr in meinem Gewahrsein vorhanden.

Mein Körper war niemals wirklich fest gewesen, lediglich meine Wahrnehmungsperspektive ließ ihn mir fest erscheinen. Mein menschliches Erleben hatte sich mit meiner Geburt erneut den Gesetzmäßigkeiten der Erde unterworfen und Überzeugungen des Massenbewusstseins aufgenommen. Nun erkannte ich sie und ließ sie schrittweise wieder los. Mein göttliches Bewusstsein wusste schon immer, dass es unsterblich war und niemals krank werden könnte. Es machte sich keinerlei Sorgen darüber, ob wir unsere Wünsche in einem Leben zu Ende erleben konnten, denn wir hätten eine

Unendlichkeit von Lebensmöglichkeiten zur Verfügung, um es zu vollbringen.

Ich fühlte wieder die Einheit in allen Wesen und Dingen, die mich umgaben. Ich begann sie zunächst als eine Ebene, die hinter der begrenzten Realität existierte, wahrzunehmen.

Ich fühlte, wie sie hinter den Dingen lag und atmete die wundervollen Gefühle reinster Liebe und Verbundenheit von dort aus zu mir. An manchen Tagen war ich von einer überwältigenden Liebe für ALLES erfüllt. Es waren Phasen innigster Verbundenheit. Manchmal spürte ich deutlich, wie Wissen aus höheren Bewusstseinsebenen und anderen Leben zu mir floss. Ich hatte den Zustand der Liebe, die der Einheit entsprang, wiedererlangt und spürte sie in allen Erfahrungen und Dingen der Welt.

Ich war wunschlos glücklich, denn ich war vollkommen aus mir selbst heraus erfüllt. Gute Freunde standen in diesen Jahren eng an meiner Seite, sie akzeptierten meinen Prozess und unterstützten mich. Sie verstanden meine Rückzugszeiten und warfen sie mir nicht vor. Ich lebte auf dem kleinen Hof meiner Eltern und bewirtschaftete ihn mit Hilfe einiger Freunde, die auch bei uns wohnten. Ich werde nie vergessen, wie wir oft in der wunderschönen Landschaft beisammensaßen und die Schönheit des Landes genossen.

Wir lachten und sangen miteinander, besuchten wunderschöne Orte in der Natur und waren einfach glücklich mit uns und dem Leben. Ein paar meiner Freunde erlebten den Beginn ihres eigenen Erwachensweges, sie schenkten mir wertvolle irdische Geborgenheit, Geselligkeit und Freude. Zwei weitere waren einstige Jünger Jesu und standen kurz vor ihrer eigenen Meisterschaft und Erleuchtung.

Die Liebe der Einheit durchlichtete mein Bewusstsein wie auch meinen Körper immer mehr. Einblicke in hohe Sphären eröffneten sich. Es war, als würde ich mit anderen Seelen in einer überirdisch schönen Landschaft beisammensitzen und wir tauschten uns über höchst interessante Dinge aus. Mein Bewusstsein war auf der Erde und gleichzeitig in sehr hohen Sphären präsent.

Durch die Liebe der Einheit wurde mein fester Körper immer lichter. Es gab Phasen, in denen mich nichts mehr auf der Erde zu interessieren schien, doch dies war nur die Bestätigung, dass ich alle Identifikationen losgelassen hatte. Die scheinbare Gleichgültigkeit war nur ein vorübergehendes Gefühl und wandelte sich schnell wieder in annehmende Liebe. Alle Begegnungen erlebte ich als nah, ich kostete jeden Moment aus und trug nichts Belastendes daraus mehr mit mir. Mein Körper vibrierte immer lichter, und oftmals überkam mich ein Gefühl der Schwerelosigkeit und erste Ahnungen, dass ich einfach die Dimensionen durchschreiten könnte. Mit jedem Gefühl der Höherschwingung trat ich aus den Bindungen an das Kollektiv der Menschheit mit allen Trennungserfahrungen heraus.

Irgendwann spürte ich, dass sich meine Essenz und die Einflüsse des Massenbewusstseins auf der Erde vollständig voneinander gelöst hatten. Ohne sie gab es keine Widerstände, keine Müdigkeit, keine Schwere mehr. Es stellte sich ein vages Gefühl ein, dass ich mit meinem Körper überall hingehen könnte. Wunden, die ich mir schon mal auf den Feldern zuzog, heilten jetzt innerhalb weniger Stunden, statt Wochen zu benötigen. Manchmal spürte ich die Viren von ansteckenden Krankheiten, die Menschen um mich herum befielen, doch sie erreichten mich nicht mehr. Selbst wenn mein Körper manchmal leichte Krankheitssymptome zeigte, glich er sie doch innerhalb weniger Stunden wieder vollständig aus.

Ich nahm meine Präsenz auf verschiedensten Ebenen der Schöpfung wahr. Diese hohen Ebenen waren von unglaublicher Kreativität erfüllt und die Seelen drückten sich dort gemeinsam in höchster Glückseligkeit aus. Für jegliche Ebene existierte bereits ein Körper, wie ein Bezugspunkt in meinem göttlichen Sein, in dem ich die Umgebung erleben konnte, genau wie auf der Erde. Die Energie meines Erdenkörpers war einfach nur stark verdichtet. Ich war mir meiner Gesamtheit bewusst und auch, dass mein fester Körper im Grunde eine Anordnung von Energie und Fokus war.

Mein erster, noch fast unbewusster Dimensionswechsel geschah auf einem Spaziergang an den weiten, duftenden Feldern, als sich die Landschaft um mich herum plötzlich veränderte. Statt auf weite Lavendelfelder blickte ich plötzlich in das dichte Grün eines überirdischen Dschungels. Während es etwas dauerte, bis mir bewusst wurde, dass dies eigentlich ein Ding der Unmöglichkeit war, erschrak ich und fand mich sofort in den mir vertrauten Lavendelfeldern wieder. Ich hatte mich auf eine andere Realität ausgerichtet, die ich dann unmittelbar erlebte. Zunächst konnte ich es kaum verarbeiten, wobei es sich gleichzeitig auch ganz selbstverständlich anfühlte. Es machte mich neugierig und das Erlebnis wiederholte sich. Ich verspürte keinerlei Bewegung, sondern nur der Ort um mich herum veränderte sich plötzlich. Ich konnte ihn einfach betreten und berühren.

In dieser Phase nahm ich auch noch einmal meinen menschlichen Anteil wahr. Der Mensch in mir hatte sich in diesem

Leben teilweise erneut in eine begrenzte Realität eingefügt und nach den Vorstellungen anderer gelebt. Doch nun kehrte mein Erleuchtungszustand zurück. Plötzlich öffnete sich alles wieder, denn ich hatte mein Ziel für dieses Leben, die Integration meines Körpers zuzulassen, erreicht. Die Schranken fielen. Nun war ich wieder frei. Die Traurigkeit meines Körpers war erlöst, ich hatte mich in all meinen Teilen erkannt.

Es war ein unbeschreibliches Gefühl. Es fügte meinem Sein eine zutiefst mitfühlende, anmutige Nuance hinzu. Ich erkannte mein Bewusstsein als frei und meinen Körper als wandelbar und beweglich zwischen allen Seinsformen. Die Dimensionen standen mir offen. Es war so leicht und natürlich. Ein befreites Lachen barst aus mir heraus. Wie gut wir uns eine Trennung doch vormachen konnten! Ich weiß selbst, wie schwierig und unmöglich es mir einst erschien, diesen Zustand je zu erreichen. Der Mensch in mir war so begrenzt, dass es ihm unmöglich vorkam.

Doch im Erwachensprozess kehrte das göttliche Bewusstsein zurück und zeigte mir neue Möglichkeiten.

Jeshua unterstützte meinen Weg in meiner Zeit als Maria Magdalena. Wir würden unser gemeinsames Erleben nun auf ganz anderen Ebenen des Bewusstseins und in anderen Welten fortsetzen können. Wir waren frei und hatten alles erlebt, was wir auf der Erde hatten erfahren wollen. Keine Seele blieb jemals irgendwo auf ewig gebunden. Unser Bewusstsein konnte die gesamte Schöpfung bereisen und alles verkörpern.

Was in meinem begrenzten, menschlichen Verstand einst noch Angst und Überforderung auslöste, erkannte ich jetzt endlich wieder als das, was es schon immer gewesen war: nichts anderes als wahre Freiheit!

Wir konnten verschiedenste Erfahrungen machen und mussten uns niemals auf eine einzige begrenzen.

Ich explodierte förmlich in einer umfassenden Erkenntnis meines Seins und meines Körpers. Ich sah Jeshua vor mir und alle, die ich je geliebt hatte. ALLES war wieder da. Es war schwer zu beschreiben. Alles war und *ist* erlebbar. Die Erde hatte keinen vorgeschriebenen Verlauf ihrer Geschichte. Es existierten vielmehr viele verschiedene Realitäten und was wir erlebten, lag einzig und allein daran, wofür wir uns entschieden hatten. Dies brachte uns auf eine bestimmte Ebene der Realität und dort agierten wir mit den Facetten der Menschen, die sich ebenfalls entscheiden hatten, auf dieser Ebene zu verweilen.

Es gab keine zeitlich linear aufsteigenden Inkarnationen, wir konnten uns in der Vergangenheit wie auch in der Zukunft der Erde inkarnieren. Die Menschheit verfügte über ein Potenzial sehr großer Entwicklung. Ihre Geschichte war und ist noch nicht zu Ende geschrieben. Die Erde war und ist ein wundervoller Ort. Ich liebte meine Leben hier, trotz aller Schwierigkeiten und Herausforderungen. Ich hätte auf der Erde bleiben können, doch ich entschied mich nun zu gehen, denn ich hatte alles erlebt, was ich wollte.

In mir gebar sich der Wunsch, die vielfältigen weiteren Dimensionen der höheren Realitäten gemeinsam mit Jeshua und anderen zu bereisen und von hier aus auf die Erde zu blicken. Ich war frei und wollte mein Wissen gerne teilen. Und so verschwand ich einfach aus meinem damaligen Leben. Meine Eltern waren bereits verstorben und ich hatte keine weiteren Angehörigen. Das alles spielte keine Rolle.

Meine dortigen Eltern waren in ihrer Entwicklung sehr weit fortgeschrittene Seelen. Wir hatten uns gegenseitig gut gedient und unsere Verabredung sehr genossen. Ich begegnete ihnen, als ich in die feinstofflichen Existenzebenen zurückkehrte. Mein Vater wandte sich gerade einem anderen Sternensystem zu, um dort gemeinsam mit meiner Mutter seine Entwicklung fortzusetzen. Sie hatten keine Meisterschaft auf der Erde angestrebt, doch die irdischen Erfahrungen hatten sie für diese neue Ebene des Erlebens vorbereitet und so wollten sie nun in einer anderen Galaxis des Universums weitere gemeinsame Existenzen verbringen.

Auf der Ebene der Einheit blieben wir stets verbunden und konnten uns immerwährend austauschen. Es gab keine Begrenzungen. Wir waren frei. Ich umarmte sie, Jeshua und alle, mit denen ich innig verbunden war. Wir waren beisammen und würden es immer sein. Wir würden andere Erfahrungen miteinander teilen, in immer wieder neuen Welten, wenn wir uns dazu entschieden. Doch das sind andere Geschichten. Genau wie auch du unendliche Erlebensgeschichten immer wieder neu erschaffst!

Ich bin HIER und JETZT, mein Herz leuchtet in die Schöpfung, ebenso wie auch dein Herz und jeder deiner Erfahrungsschritte die Welten segnet.

Du wirst erkennen, dass der Aufgestiegene Meister in dir bereits existiert. Du bist bereits der große goldene Engel, du bist deine galaktischen Leben, du bist Mensch, du bist Lichtwesen und so vieles mehr.

Du bist bereits erwacht und aufgestiegen, all das existiert bereits in deinem Potenzial.

Dein Bewusstsein wird sich immer mehr öffnen. Dein Sein wird ganz neue Welten berühren.

Du bist bereits göttlich.

Alles ist in dir.

Du wirst erkennen, dass Zeit nicht linear und deine göttliche Wahrnehmung unbegrenzt ist. Vertraue deinen Wahrnehmungen und vertraue deinem Herzen. Breite die Flügel deines Bewusstseins aus und berühre deine Göttlichkeit. Sie ist hier, um sich mit dir als Mensch zu verbinden.

In tiefer segnender Liebe!

Maria Magdalena
Lady Nada

Nachwort

Der Aufstiegsprozess der Menschheit hat längst begonnen. Dieses Leben ist vielleicht herausfordernder als alle anderen, die wir je auf der Erde gelebt haben, weil so viele Bereiche in uns berührt und geklärt werden. Aber die Zeit ist nun reif. Die globalen Energien erhöhten sich seit dem Jahr 1987 fortlaufend und beschleunigten die Wandlungsprozesse der gesamten Menschheit. Diese hohen einströmenden Schwingungen fördern unsere inneren Verletzungen und karmischen Verstrickungen an die Oberfläche, alte Konflikte zeigen sich und suchen nach Lösungen. Wir sind aufgerufen, unsere inneren Verletzungen zu heilen und wieder die Liebe in und mit ALLEM zu leben.

Unser göttliches Selbst kann sich nicht durch einen Dschungel von inneren Verletzungen und begrenzenden Überzeugungen hindurch mit uns verbinden, denn es ist nicht seine Natur. Als Mensch dürfen wir unsere Wunden heilen, Dramen und begrenzenden Vorstellungen loslassen und uns schrittweise unserem göttlichen Bewusstsein öffnen. Dann beginnen wir zu begreifen, dass die Realität, die wir erleben, wandelbar ist und dass wir sie aus unseren bewussten wie auch unbewussten Gefühlen und Überzeugungen fortlaufend selbst erschaffen. Wir lassen alle Identifikationen los, die auf irgendeiner Ebene Leid erzeugt haben und übernehmen Eigenverantwortung für alle Bereiche unseres Lebens.

Dieser Prozess ist ein natürlicher Vorgang, der weiter voranschreiten wird, bis Einzelne, größere Gruppen und irgendwann auch die Menschheit in einem nächsthöheren Bewusstseinszustand auf der Erde eine neue Lebensbasis aus Liebe, Freude und Freiheit verwirklichen kann.

Und es wird Menschen geben, die nicht nur auf eine nächsthöhere Bewusstseinsebene aufsteigen, sondern wie Maria Magdalena den Erwachensweg bis in ihre Verwirklichung gehen werden, sprich in die gelebte Verbindung von Menschsein und Göttlichkeit im Körper.

Die vielfältigen Erdenleben bringen ihre einzigartigen Farben der Weisheit und Herzensliebe in den Seelen aller Menschen hervor. Ganz gleich wie unterschiedlich schnell sich das Erwachen für jeden Einzelnen auch vollziehen mag, jeder wird seinen ganz persönlichen Weg gehen und wir werden alle gemeinsam auf der Erde leben können.

Wahrscheinlich bereitest auch du dich gerade vor, aus den Begrenzungen dieser Welt wieder zu erwachen und dir deines größeren, multidimensionalen Seins gewahr zu werden. Du wirst die Erde, in einem erhöhten Bewusstsein, auf ganz neue wundervolle Weise erleben können.

Unser Bewusstsein ist unendlich weit, mit unendlich vielen Spielplätzen und Orten der Erfahrung.

Das alles sind wir! Das alles bist auch du!

Verstehe jetzt: Du bist so viel mehr als alles, was du bisher kennengelernt hast.

Von Herzen

Tanja

Danksagung

Aus tiefstem Herzen danke ich meinem Mann, meiner Familie, allen Menschen, Tieren und Wesen, die mit mir gemeinsam durchs Leben gehen. Sie alle haben mir geholfen, diejenige zu sein, die ich heute bin.

Ich danke Maria Magdalena für das überreiche Glück, dass ich ihre Entwicklung durch das Empfangen des *Erwachenswegs* und des *Herzenswegs* miterleben durfte. Dies war und ist mir ein wahres Katapult in ein glückliches Leben, denn diese beiden Bücher zeigen die Schritte auf dem Pfad in die Meisterschaft & Erleuchtung.

Ich bin so froh, dass diese Bücher jetzt vorliegen. Aktuell bewegt sich die Menschheit in eine nächsthöhere Bewusstseinsebene jenseits von Leid. Alle persönlichen und kollektiven Konflikte werden nun gereinigt und Maria Magdalenas Lebensgeschichte ist so aktuell wie nie zuvor, denn sie ist diesen Weg schon viel früher gegangen.

Von Herzen auch Danke an den AMRA Verlag für die segensreiche Unterstützung, damit die Übermittlungen möglichst viele Menschen erreichen können.

Meine persönliche Entwicklung schreitet inzwischen voran in immer umfassendere Bewusstheit und Glückseligkeit, so wie sie gerade bei allen voranschreitet. Nicht immer verstehen wir als Mensch alle Wege, doch im heiligen Gewebe der Leben ergibt alles eine übergeordnete Schönheit und einen Sinn.

Ob wir nun gerade auf der irdischen Seite oder in der Geistigen Welt verweilen, eines Tages werden wir uns alle die Hände reichen, gemeinsam auf die Erde blicken und sagen:

Wow, was für eine atemberaubende Reise!

Herzensgruß der Maria Magdalena

Einladung in die heilende Stunde der Lotosquelle täglich 19:00 bis 20:00 Uhr MEZ

Geliebte Menschen, geliebte Leserinnen und Leser, die ihr diese Botschaft vernehmt und weitergeben könnt. Die Geistige Welt hat im Juli 2020 eine **Lotos-Heilquelle** aus höheren Realitäten auf der Erde verankert, die jeder Mensch von nun an nutzen kann. Durch sie können Maria Magdalena, Aufgestiegene Meister wie auch verschiedene Engel, Erzengel, Elohim, Seraphim, Naturwesen, Cherubim und viele andere Lichtgeschöpfe wirken. Sie stellt sich als geöffnete, kristalline Lotosblüte dar, durch deren Blütenblätter starke Heil- und Transformationskräfte strömen, und du kannst sie für die Lösung deiner Themen, Ängste und Probleme, gleich welcher Art, verwenden.

Wie du die Lotosquelle nutzt …

Stelle dir eine geöffnete Lotosblüte vor, spüre in dein Problem hinein und nimm wahr, welches Blütenblatt dich daraufhin am stärksten anzieht oder aufleuchtet.

Lege dich auf dieses Blatt und bitte darum, dass seine Kräfte nun heilsam für dich wirken.

Lasse geschehen, fühle und beobachte.

Vielleicht spürst du ein Kribbeln oder kannst auf andere Art wahrnehmen, was gerade geschieht.

Jene Lichtwesen, Meister oder Engel, die dich am besten unterstützen können, werden durch das Licht des Blütenblattes mit dir arbeiten, um dein aktuelles Thema in die Lösung und Heilung zu bringen. Erkenntnisse, Ideen für Veränderungen, Klarheit, Entscheidungen, Heilung und vieles mehr werden dadurch angeregt.

Die Lotosquelle ist eine freie, offene Heilquelle, die umso stärker in eurer Erdenrealität schwingen wird, je mehr Menschen sie nutzen. Die heilenden Frequenzen werden für jeden Menschen passend sein, ganz gleich, wo er gerade steht.

Auch die Seelen von Menschen, die sich der hilfreichen Wirkung dieser Quelle noch nicht bewusst sind, können sich über die Traumebene mit ihr verbinden und entsprechende Impulse aus dem Feld beziehen, wenn sie bereit sind.

Die Heilquelle wird jeden Tag in einer »heilenden Stunde« von 19:00 bis 20:00 Uhr MEZ für euch hochkonzentriert aus der Geistigen Welt aufgebaut.

Wir schlagen diese Zeit als kraftvollen Treffpunkt vor, um die Quelle mit möglichst vielen Menschen gemeinsam stärken und weiter aufbauen zu können.

Nutze sie besonders zu dieser Uhrzeit oder unterstütze sie mit deinem liebevollen Herzensgefühl. Grundsätzlich wird der kristalline Lotos, als fest installierte Heilquelle, zu jeder Uhrzeit rund um den Globus frei nutzbar sein.

Die Herzen verbinden und das Herzensfeld der Menschheit stärken …

Wir nehmen immer wieder eine wichtige Frage in den Menschen wahr:

»Was kannst du noch beitragen, um dich selbst
und andere in dieser herausfordernden Zeit des globalen
Wandels kraftvoll zu unterstützen?«

Eine der wirksamsten Hilfen, die du dir selbst, der Menschheit und dem Planeten geben kannst, besteht darin, zunächst für dich selbst und dann für alle Wesen rund um die Welt …

… Liebe fließen zu lassen.

In dieser Zeit des globalen Wandels, in der sämtliche alten Konflikte der Einzelnen wie auch der gesamten Menschheit zur Heilung an die Oberfläche kommen, ist es sehr wichtig, dass die Herzensebene gestärkt wird. Erst sie macht wahre Heilung und Transformation überhaupt möglich.

Das Herzensfeld gibt entscheidende Sicherheit, Orientierung, Halt und Transformation.

Wie gelangst du in ein Gefühl der Liebe und auf die Herzensebene?

Stelle dir vor, dass goldene Fäden göttlicher Liebe den Raum um dich herum durchziehen und ihn erfüllen, denn die Liebe der göttlichen Quelle ist überall.

Strecke deine Hände aus und berühre die hauchzarten, glitzernden Fäden ganz behutsam. Dadurch bist du sofort mit deiner Herzensebene verbunden und kannst sanfte Liebe in deinem Herzchakra spüren.

Lasse diese Liebe durch deinen Körper schwingen, um dich selbst damit zu versorgen, dann lasse sie ohne bestimmte Absicht rund um die Welt fließen. Auf diese Weise bleibt jedes Wesen frei in seiner Entscheidung, sie anzunehmen.

Du wirst spüren und wahrnehmen, dass unzählige Einzelne oder auch Gruppen davon berührt werden.

Wann immer du daran denkst, gehe in dein Herzensgefühl und lasse es zusätzlich für einige Sekunden um die Welt fließen, dies ist schon genug. Es darf zu einer angenehmen Angewohnheit werden, die bei jedem Gedanken daran einfach geschieht.

Du wirst feststellen, dass du dich nach wenigen Wochen in einem beständigen Gefühl sanfter Liebe wiederfindest. Sie wird deine Realität positiv mitgestalten.

Die Lotosquelle ist eine offene Quelle der Heilung, Transformation & Liebe, bereit, der Menschheit zu dienen.

Wir bitten euch um euer Mitwirken, damit sie an Kraft gewinnen kann, denn sie wird mit jedem Menschen, der sie nutzt oder mit liebevollen Gefühlen beschenkt, stärker.

Über die Lotosquelle kann die Geistige Welt direkt mit euch zusammenarbeiten.

Ihr seid niemals allein!

Du bist von Herzen eingeladen in die heilende Stunde – und zur Anhebung deiner Existenz in eine Bewusstseinsebene jenseits von Leid.

In tiefer verbundener Liebe

Maria Magdalena und die Geistige Welt

Von Herz zu Herz

Tanja

Tanja Matthöfer

wirkt als Channelmedium, spirituelle Lehrerin und Seminarleiterin in Velbert. Bereits seit ihrer Kindheit hellfühlig, ist sie mit großer Liebe der Natur und dem Leben verbunden. Nach einer Nahtoderfahrung entstanden in ihrer Jugend erste Kontakte zu Verstorbenen. Daraus entwickelte sich eine große Liebe und Hingabe, Seelen ins Licht zu begleiten und dadurch Klärungsprozesse und Erdheilungen zu unterstützen. Durch eine lebensverändernde Begegnung mit einem Engel wurde die Verbindung zu den Bewusstseinsebenen der Quelle und die Fähigkeit des Channelns wieder geöffnet. Sie ging einen bewussten Weg der Selbstbefreiung und lernte dabei, ihr Leben von Grund auf glücklich und liebevoll neu zu gestalten. Seit 2007 begleitet sie Menschen dabei, erhöhte Bewusstseinszustände zu öffnen, ihre Medialität zu schulen, Lebensblockaden zu erlösen und ein erfülltes, selbstbestimmtes Leben zu erschaffen. Sie ist eng mit der Essenz der göttlichen Quelle, Engeln und Aufgestiegenen Meistern verbunden, empfängt neues

Wissen und vermittelt göttliche Impulse in der Zeit des Aufstiegs und der Meisterschaft auf der Erde.

»Von Herzen möchte ich Menschen inspirieren und unterstützen, ihr Herz und Bewusstsein in einer Zeit des Wandels zu öffnen und ihre Göttlichkeit auf Erden zu leben.«

www.channel-balance.de